ECOS
na pandemia

Jaime Troiano

Editor: Maggi Krause
Design editorial: Vivian Amaral – Dual Design

Editora CL-A Cultural Ltda.
Tel.: (11) 3766-9015 | Whatsapp: (11) 96922-1083
editoracla@editoracla.com.br | www.editoracla.com.br
linkedin.com/company/editora-cla-a/

São Paulo, 2021

ECOS
na pandemia

Impressões sobre como
nós, as empresas e as marcas
temos nos comportado
no novo normal

Jaime Troiano

AGRADECIMENTOS

As reflexões que reuni nestas páginas são fruto de motivações internas e de preocupações pessoais, familiares e sociais. Porém, estimuladas por necessidades com as quais convivo na minha vida profissional. Sem os desafios que nossos clientes põem em nossas mãos, muito provavelmente, boa parte do que este livro contém não existiria. A eles devo, portanto, um agradecimento muito especial.

A equipe com quem eu trabalho na TroianoBranding, em especial a Cecília, tem sido uma estimulante interlocutora para discutir e debater todos esses assuntos que nos inquietam.

O Sedes Sapientiae, que tenho frequentado nos últimos anos, sempre me alimentou muito com o frescor e independência de ideias que circulam na instituição. Agradeço a chance de participar desse ambiente.

Bem, devo à paciência e ao profissionalismo da Margit Krause, a Maggi, um profundo agradecimento. Ela me acompanha há muito tempo e, também neste caso, foi essencial na edição dos textos. Valeu, Maggi! E como não queria prescindir de uma apresentação especial para este trabalho, a Vivian Amaral fez o que ela faz muito bem, deu uma personalidade gráfica para o livro. Muito obrigado.

E para terminar, algo que não deixa de ser um agradecimento também. Há alguns meses, caiu em minhas mãos um livro publicado, originalmente, em 1795, escrito por Xavier de Maistre.

Um privilégio tê-lo lido.

Índice

ECOS DAS PESSOAS

Isolamento: bem-vinda a fase da força centrípeta 17

A pandemia que derreteu o calendário 19

Tubarão 2020: bem que o Spielberg nos avisou! 22

A beleza de ser um eterno aprendiz 24

Saudades do que a pandemia nos ensina 28

Parasita: Por que a surpresa? 30

Quando a máscara cair 32

Cabaret: está mais do que na hora de assistir outra vez! 37

A resiliência do desejo ou partiu Paris! 40

Por trás de O *Dilema das Redes* 43

ECOS DOS CONSUMIDORES

O novo antigo normal: em breve! 49

Indulgência hoje, não deixe para amanhã 52

Traídos pelo bolso 55

O etnocentrismo, o target e o bolo de fubá 58

A era do faz de conta 62

O efeito Diderot 65

Covid-19: luz e sombra 68

ECOS DAS EMPRESAS

Dignidade gera rentabilidade 75

Se o pastel é bom, levante o pano! 78

O articulado incompetente e o risco da precipitação 81

Aliados e oportunistas 85

A economia gira porque as marcas rodam 87

Inovação: olhando para trás 90

O formão e o home office 98

Duas grandes mentiras 101

ECOS DAS MARCAS

Política e Branding: cuidado com a mistura! 107

Não há marca forte que resista a produtos ruins 110

Compromisso ético inspirado por Machado de Assis 113

Branding e o paradoxo da estabilidade 116

Hegemonia ou dominação na vida das marcas 119

Inesquecíveis! 122

Gonçalves Dias e as marcas brasileiras 125

As fascinantes aventuras do Propósito 130

Marcas: construir ou inflar? 138

De tudo fica um pouco 140

INTRODUÇÃO

Søren Kierkegaard (1813-1855), filósofo dinamarquês, formulou uma frase que cada vez está mais presente na minha vida:

"A vida só pode ser compreendida olhando-se para trás; mas só pode ser vivida olhando-se para a frente."

Esta pandemia em que o planeta está metido no momento da publicação deste livro nos obriga a praticar os dois olhares: uma antecipação sobre o que serão os próximos meses ou anos, e uma reflexão sobre como chegamos até aqui. Somente o que nós, e particularmente a Ciência, aprendemos até agora vai construir pontes para o devir.

Olhando pelo lado bom, tem sobrado tempo, nesta vida semimonástica, para uma cuidadosa e honesta reflexão sobre as relações mais essenciais em nossas vidas. Mesmo que não seja o caso para todos, os privilegiados que puderam fechar os seus 'mosteiros' aproveitaram as horas e os minutos a mais para fazer o que a rotina anterior não permitia.

Mas para muitos, que vivem habitualmente só de '*força centrífuga*', tudo isso tem sido apenas tortura. Não lhes sobra tempo para tirar da situação algo bom, algo inspirador, uma lição de casa que seja, para o futuro. No entanto, para quem pode e gosta de olhar para dentro de casa, da família, dos ambientes em que transita e, sobretudo, para dentro de si mesmo, a pandemia – ainda que seja um duro castigo – é um pouco mais suportável.

Este segundo segmento de pessoas são as que se alimentam, usando uma metáfora da física, de '*força centrípeta*'. Olhar para dentro, para o núcleo, é uma força que comanda muitos de nossos passos. E falo nossos porque me encaixo nesse segundo grupo de pessoas.

Melhor dizer com as sábias palavras de Paulo Freire:

"Ninguém ignora tudo. Ninguém sabe tudo. Todos nós sabemos alguma coisa. Todos nós ignoramos alguma coisa. Por isso aprendemos sempre."

Os textos que vocês poderão ler neste pequeno livro foram, em grande parte, publicados durante 2020 em vários veículos[1]. Alguns deles, no entanto, eu escrevi bem antes. Mas, quando eu os reli, tive a impressão de que agora são mais inspiradores. Sua conexão com a vida presente é ainda mais intensa. Eles acabam ecoando na minha cabeça. Por isso, decidi mantê-los da forma como foram escritos, sem atualizá-los.

Espero que vocês entendam por onde andou minha cabeça nesse período, tanto passeando por temas profissionais como por pessoais. Não posso chamar esse conjunto de ideias de memórias da pandemia porque ainda estamos dentro dela. Não há quase nada de bom, de produtivo, de saudável durante a fase que estamos vivendo. Sustos, surpresas, medos, dolorosas perdas, incertezas... é tudo isso que estamos enfrentando.

Talvez uma das únicas conquistas que acalmam a minha alma seja o quanto fui obrigado a voltar-me para dentro. Tive mais tempo para pensar, refletir, rever algumas certezas e descartar alguns preconceitos. O fruto dessa imersão está nos textos que se seguem, que vocês podem ler na sequência que preferirem.

Aliás, a leitura é um dos privilégios dessa pandemia. Há alguns meses caiu em minhas mãos um livro publicado originalmente em 1795, escrito por Xavier de Maistre. Ele nasceu no reino da Sardenha e pertencia a uma família da nobreza da Saboia. Bem, encurtando uma longa história, por algumas desavenças políticas ele foi condenado a ficar confinado por 42 dias em seu quarto, em Turim. E esse período isolado serviu para que ele escrevesse *Viagem ao redor do meu quarto*. Fiquei absolutamente impressionado com a sincronia de ter lido o livro exatamente neste período, em que tanta gente como eu fica dando voltas ao redor do próprio quarto, ou da própria sala, ou da própria cozinha... Xavier de Maistre revela o que milhões de indivíduos têm sentido: a pandemia encarcerou nossos corpos, mas não nosso espírito, nossos pensamentos, nossos sonhos.

Cuidem-se, protejam-se!

Boa leitura.

[1] Estadão, *Jornal 140*, Meio & Mensagem, *Update or die*, Revista Revenda, HSM e redes da Troiano Branding.

observar
PESSOAS
é um hábito de
que não abro mão:
sou um
voyeur social.
até na pandemia!

ISOLAMENTO: BEM-VINDA A FASE DA FORÇA CENTRÍPETA

Momentos de distanciamento social são um irrecusável convite para olharmos para dentro de nós mesmos, pensarmos na nossa própria história e na dos que estão próximos. E lembranças incríveis têm reaparecido.

Conversei outro dia com um amigo meu e ele me disse: "*Hoje, faz exatamente um mês que minha mulher e eu estamos isolados aqui em nosso apartamento*".

Eu perguntei o que eles têm feito nessa fase de confinamento dentro de casa. Pergunta besta, porque não era muito difícil eu adivinhar. Muitas respostas vocês já podem imaginar: de Netflix a receitas do site Panelinha da Rita Lobo, de exercícios diante de uma tela de celular à limpeza da estante, de leituras que estavam empacadas há muito tempo à separação de peças para doação, uma troca de lâmpada queimada aqui, um criado-mudo com a perna bamba ali, o passar das horas com Havaianas e moletons etc. E todas as outras coisas que acontecem em espaços recônditos, principalmente quando os filhos já moram em outros lugares.

Tudo isso eu também tenho vivido, sem qualquer sofreguidão. Privilegiado que sou socialmente. Um latido distante, uma entrega de supermercado, um sinal de um grupo de WhatsApp. Uma vidinha que até lembraria "*Uma cidadezinha qualquer*" do Drummond. Embora trabalhando bastante e interagindo com toda a equipe, é uma atividade digital e remota.

Mas o Ângelo, o tal amigo meu, além desses prosaicos e previsíveis comentários, disse uma pérola: "*Jaime, estamos adorando esta* fase centrípeta da vida. Teria como reclamar de muita coisa que não posso fazer hoje, que eu perdi. Não ir ao cinema, não frequentar o clube, não comer fora, não dar um giro no shopping, não pôr os pés no escritório. Tudo o que posso fazer quando fico girando lá fora. Isso tudo está adiado. No começo, achei que estava vivendo só de perdas. Mas em pouco tempo, descobri a chance que estou tendo de olhar mais pra dentro. Algo que não tem preço. Minha vida sempre foi muito centrífuga. Uma verdadeira secadora de roupas. Acho que, como aprendemos em física, ainda bem que descobri essa coisa compensatória, centrípeta."

Eu, que já estou também nesta vida semitribal, doméstica, no ambiente da minha aldeia, percebi que o Ângelo tinha formulado muito melhor o que eu vinha sentindo. Estes momentos de isolamento, de distanciamento social, são um enorme, imperdível e irrecusável convite para olharmos para dentro de nós mesmos. Para pensarmos na própria história e dos que estão próximos. Minha família, meus irmãos e primos têm aproveitado para fazer uma "*operação arqueológica*" nos tempos passados de nossas vidas. Lembranças incríveis têm reaparecido. É como se levantássemos um alçapão para visitar os próprios porões.

Vejo dois tipos de pessoas, mergulhadas nesse mesmo contexto. As que sofrem com o isolamento e resistem em caminhar por essas trilhas internas, esperando que os vetores centrífugos as levem para fora novamente. E outras, que têm se apropriado desses momentos como um grande presente e recriam novos caminhos a partir dessas incursões solitárias e centrípetas. Eu e o Ângelo somos assim. Mas, tenho certeza de que esse "*vírus centrípeto*" infectou legiões de pessoas.

Quando tudo isso passar, quando a vida centrífuga me arrastar, onde quer que eu esteja, não pretendo mais ser devorado por ela. Quero momentos de contrição. Por mais irônico que seja, é provável que eu tenha saudades da força centrípeta que nos atravessou.

A pandemia que derreteu o calendário

Que dia da semana é hoje? Demorei até me lembrar que estou numa sexta-feira. Ué, mas ontem não foi terça? O calendário poderia ter apenas três dias: ontem, hoje e amanhã. Com algum esforço, por causa de compromissos profissionais, admito até um 'depois de amanhã'.

A sensação é que o calendário, aquela sequência bem-organizada e repetida de dias que começam oficialmente no domingo e vão até o sábado, foi derretida. E depois, despejada em cadinhos todos iguais e do mesmo tamanho, como aqueles onde se colocam metais fundidos. Ou melhor, como as forminhas que a gente usa para fazer gelo.

A comparação com a forminha é melhor ainda, porque quando ela é retirada do freezer sempre falta algum, ou pior, alguns cubos. Sempre tem menos do que precisamos, porque o usuário anterior não completou com água. É exatamente assim que tenho me sentido, dia após dia, durante esse longo isolamento. É verdade que sou um privilegiado! Posso fazer tudo o que preciso aqui dentro de casa: trabalhar, praticar esporte, ler, escrever, ver Netflix. O que, infelizmente, não vale para quem continuou sua rotina profissional nas ruas, fábricas, lojas ou no campo.

Minha semana é uma forminha de gelo, todos os cubinhos iguais. Trabalho, esporte, leitura, Netflix, conversas... que se encaixam direitinho em qualquer um dos sete quadradinhos da forminha. Por exemplo, hoje. Que dia é mesmo? Sexta. Não é mais, porque interrompi o que estava escrevendo ontem à noite. Logo, é sábado, mas até que poderia ser quarta-feira.

O calendário derretido poderia ter apenas três dias: ontem, hoje e amanhã. Com algum esforço, por causa de compromissos profissionais, admito até um '*depois de amanhã*'. A lembrança das folhinhas Pombo, das quais os *millennials* nem têm registro, é algo tão remoto quanto inútil hoje. Basta o ciclo do Sol como um metrônomo.

Nem tentem comparar minha forminha com o filme *O feitiço do tempo (Groundhog day)*. A diferença é total. No filme, tudo se repete, dia após dia, sempre do mesmo jeito, com absoluta previsibilidade. Na minha forminha, os dias se parecem como duas pedras de gelo, mas nunca acontecem as mesmas coisas dentro de cada pedra, na mesma sequência todos os dias. As combinações de todas as atividades são diferentes, mas os elementos são os mesmos. É algo que me faz lembrar do Bolero de Ravel, com suas múltiplas repetições de um mesmo segmento musical, mas sempre diferentes umas das outras pela participação de vários instrumentos que se completam e se misturam.

Fico imaginando que, daqui a pouco – não sabemos bem quando –, o gelo vai derreter. Voltaremos ao novo antigo normal. Portanto, não joguem fora seus calendários, folhinhas, as agendas digitais e nem as da Pirelli, que não são mais as mesmas. Voltaremos a viver fora das forminhas de gelo, mas já sabemos que outros tipos de cadinho vão organizar e amarrar nossas rotinas. Menos lives e mais *alive*. Vamos conversar com os do andar de baixo nos elevadores, em salas de reunião, nas academias em esteiras vizinhas, nos saguões de cinema, no raio X de Congonhas, em semáforos com o vidro fechado. Será que os motoqueiros, nossos grandes aliados neste confinamento, vão ser outra vez nossos competidores nas ruas? Sei lá.

Não sei vocês, mas eu vou viver a nostalgia das forminhas. Pena que com elas a economia não se movimenta. Se me lembro bem, hoje é sábado. Ontem, portanto, quando comecei a escrever, foi sexta-feira. E então, havia me lembrado da bobagem do *TGIF*, neste tempo das forminhas. Resolvi rebatizá-lo de *TGIH: Thank God I'm Healthy*. Afinal, é disso que vamos precisar quando o gelo derreter.

Bom domingo a todos. É amanhã, né?

TUBARÃO 2020: BEM QUE O SPIELBERG NOS AVISOU!

Em 1975, Steven Spielberg anteviu o que estaria acontecendo conosco 45 anos depois. Gênio é assim!

Todos os que viram o filme *Tubarão* hão de se lembrar. Numa região de praia, Amity Island, um bicho feroz e devorador, mortal, ronda as suas águas. As primeiras vítimas começam a aparecer. O sentimento que se espalha é de que entrar no mar pode ser perigoso. Apreensão, medo e, pouco a pouco, a convicção de que um inimigo impiedoso está nas redondezas assusta e alerta quem é encarregado de cuidar da proteção das pessoas.

Mas não é uma ameaça qualquer. É um inimigo quase invisível. Como numa emboscada, você não pode prever quando ele vai atacar. Ao mesmo tempo, cresce aos poucos a consciência de que se sabe perfeitamente o que todos precisam fazer para se defender. É só ficar em casa, opa escapou, é só não mergulhar no mar.

Bem, é muito fácil fazer isso e afastar-se do risco. Como? Impedindo que os banhistas entrem na água. Mas não é o que pensa quem dirige a administração da cidade, o presidente, quer dizer, o prefeito. Mesmo com os aconselhamentos dos especialistas em segurança. E mais, mesmo perante a voz da Ciência. Afinal, um infectologista, perdão, um oceanógrafo foi chamado para mostrar a dimensão do problema. Alguém que é porta-voz da Ciência e dimensiona o tamanho do risco que o bicho assassino representa.

Quem se recorda do filme, sabe: o presidente, perdão mais uma vez, o prefeito pressiona pela abertura da praia. Afinal, sem praia desaparece o turismo que alimenta a economia de Amity Island. O diálogo no filme é assim:

> **Oceanógrafo: "Estamos lidando com algo (o tubarão) que é uma máquina perfeita, uma máquina devoradora."**
> **Prefeito: "Escute, aqui nós dependemos dos turistas de verão para sobrevivermos."**
> **Delegado: "Prefeito, se fizermos um esforço hoje, podemos salvar o mês de agosto (para o turismo)."**
> **Prefeito: "Agosto? Pelo amor de Deus, amanhã é o Quatro de Julho. E estaremos abertos e funcionando. Este será um dos melhores verões de todos os tempos."**

Tendo que escolher entre a proteção da vida e a da economia, o prefeito insiste e opta pela segunda. Mesmo com a ocorrência de novas mortes pela ação do vírus, perdão, do tubarão mortal. Juro que estou falando de um filme de 1975.

Bem, Spielberg também anteviu no filme a situação criada com essa tensão política entre salvar vidas ou alimentar a economia. E como isso gerou uma verdadeira pandemia. Perdão pelo ato falho, um verdadeiro pandemônio nas discussões sobre o que os gestores da cidade deveriam fazer primeiro em Amity Island.

A batalha contra o inimigo traiçoeiro, que acabou sendo chamado de tubavid-19, continuou. Gente morrendo, pedaços de gente jogados na praia. Triste. Finalmente, na falta de uma vacina contra tubarões, uma missão salvadora saiu para caçá-lo. Toda luta contra um inimigo impiedoso e pouco conhecido como esse tubarão que veio de longe, dos mares da China (!?), causa baixas. Principalmente, de quem está exposto e em contato quase direto com o insidioso animal. Como acontece, aliás, com um médico que se infecta em plena operação de salvamento na enfermaria.

Apesar disso, a missão está completa e tubavid-19, mortinho. Em Amity Island, pouco a pouco, a vida volta ao normal. Se o prefeito é mantido no cargo ou não, Spielberg não revela. Confira no Netflix ou nas fontes mais respeitadas de notícias do nosso país.

A beleza de ser um eterno aprendiz*

Entre os que não se descabelam no isolamento, surgem as habilidades que estavam inibidas, reprimidas, escondidas dentro de nós. E o que será que vamos fazer com toda essa habilidade libertadora, com todo esse empoderamento, quando esse vírus for embora?

Esta é a época para aprender o que ainda não entendemos tão bem. Um exemplo? Há quem sempre foi a agências de banco e caixas eletrônicos e hoje quer entender como é possível que sua neta de 20 anos faça tudo o que ela precisa apenas com o celular na mão. "*Menininha esperta, ela. Acabou de digitalizar minha vida.*"

Meu tio viúvo lembra saudoso do doce de abóbora e do pudim de leite (com furinhos) em que tia Adalgisa era mestra. "*Desculpe-me Adalgisa, mas o site Panelinha da Rita Lobo me mostrou o caminho, consegui fazer. Acho que você ficaria orgulhosa. Ou será que está com medo de perder essa função?*". Mas, lá bem dentro da sua cabeça, meu tio lutava contra um sentimento duplo. Uma indescritível compulsão para gritar: "*tá vendo, querida, eu posso!*". Quase como se fosse um Viagra culinário. Mas também uma saudosa e deliciosa memória à la Ratatouille, da Adalgisa. Acima de tudo, porém, um atestado quase heroico do tipo: "*estou empoderado também.*"

Para muito além dos grupos de risco, mas entre os que não se descabelam no isolamento, surgem as habilidades que estavam inibidas, reprimidas, escondidas dentro de nós. Como esses programas no computador que só começam a funcionar quando são execu-

* Gonzaguinha

tados, inicializados. Pois é, entre as pessoas que não entraram em desespero com o confinamento e que não querem pular pela janela, é exatamente isso que tem acontecido. Os testemunhos são muitos.

É como se o isolamento estivesse criando milhões de candidatos aos "*prêmios Tom Hanks*". Aquele Tom Hanks do filme *O Náufrago*, que aprendeu muita coisa sozinho na ilha. Há várias categorias-prêmio: Tom Hanks de Prata para quem ainda não sabia e aprendeu a conversar com o chat do banco; Tom Hanks de Ouro para quem já faz pão de *levain*. E o mais cobiçado, o Hanks de Platina, é só para quem já fez os dois primeiros e dá aula de trigonometria para os filhos, no *homeschooling*. E para não abandonar as conquistas menores, criou-se um prêmio de consolação para quem tem conseguido colocar luvas de proteção de látex, já na primeira tentativa, sem misturar os dedos.

E os desafios continuam. Olhei para minha estante. Quem estava lá? Impassivelmente, me esperando há alguns anos, com um olhar de quem cobra uma decisão? Embora eu saiba que essa cobrança, essa patrulha nasceu mesmo aqui dentro de mim, é como se ela viesse do imponente dorso dos dois volumes, mais de 1.500 páginas. Puxei o empoeirado *Guerra e Paz* (Tolstoi): "*agora, nesta pandemia, você não me escapa!*". *E comecei a ler.*

Sei lá qual é o desejo satisfeito que gera mais prazer: minha madrinha aprender a usar o chat, tio Antônio desenformar um pudim de leite pela primeira vez na vida, ou eu ler até a página 310 com uma volúpia de continuar até a página 1.526. Qual deles causa maior deleite? Não sei. Existe alguma métrica para prazer, um tipo KPI, *Key Pleasure Indicator*?

E há tantas outras satisfações! No prazer desta vida centrípeta, a que nos joga para dentro, para dentro de casa, e principalmente para dentro de nós mesmos, há sempre uma nova descoberta, depois outra. O tempo pretérito do 'eu não sabia', 'eu não conhecia', 'eu não conseguia' foi mudando. Para muitas áreas da vida, as imposições do confinamento foram inspiradoras e pedagógicas.

Ao contrário da vida centrífuga que nos arrasta para o mundo lá fora e nos afasta destas fantásticas descobertas internas, sobre habilidades há muito tempo escondidas dentro de nós. Essas que só descobrimos em situações limite. É por isso que tenho me lembrado do personagem Guillaumet, de *Terra dos Homens* (A. Saint-Exupéry), que dias depois de caminhar perdido pelas neves dos Andes, após a queda de seu avião, e contra a expectativa de todos, salvou-se. E ao reencontrar os amigos, para explicar como conseguiu sobreviver, disse uma das frases de que eu nunca mais me esqueci: "*O que eu fiz, palavra que nenhum bicho, só um homem, era capaz de fazer*".

Enfim, o que virá de novo? O que teremos aprendido que vai permanecer? O que fica, afinal?

A Covid-19 não é uma queda de avião nos Andes, mas é trágica e inesperada. Alguns de nós, mesmo em outras proporções muito menos aterrorizantes, estamos vivendo a saga de Guillaumet. E aprendendo como chegar não apenas são e salvos do outro lado, mas com alguns recursos novos que estamos desenvolvendo no meio do caminho.

Diante disso, a pergunta que tira meu sono é: o que será que vamos fazer com toda essa habilidade libertadora, com todo esse empoderamento, quando esse vírus for embora? Os mais cuidadosos não arriscam cravar uma resposta única. Li o Celso Ming no *Estadão* (3/5/2020) dizer o seguinte: "*Uma crise como esta é sempre uma boa oportunidade para alterações de rumo, mas não se pode desprezar a força das mazelas que sempre acompanharam a trajetória do animal humano. Mas, ainda assim, alguma coisa vem para ficar ou, então, virá para produzir uma mudança já em curso, que deverá ganhar velocidade.*"

Mesmo com outras palavras, é exatamente assim que estão se formando minhas convicções. As mazelas que sempre acompanharam a nossa trajetória na Terra continuarão a fazer parte de nossa constituição como sujeitos da nossa espécie. O que somos, a perfeição da estátua de Davi não revela. As falhas, rachaduras e distorções em nosso mármore vão nos acompanhar em todas as novas epidemias. Somos assim e ponto. Essa é a nossa natureza, como disse o escorpião, que pediu carona ao sapo para atravessar o lago, enquanto se afogavam, mas tinha jurado antes da travessia que não iria ferroá-lo. E que bom que temos essas oportunidades para projetar nosso desenvolvimento, para dialogar e enfrentar nossas mazelas, e atenuar as rachaduras.

Enfim, o que virá de novo? O que teremos aprendido que vai permanecer? O que fica, afinal? Acredito que ficarão as conquistas que estão muito mais no campo da organização da vida, do fim de inúmeras inconveniências burocráticas, menos tempo que se esvai bestamente em filas, em voos inúteis para uma reunião a 1.000 km de casa, fim à obediência a horários desnecessariamente rígidos, em medievais cartões de ponto...

E até uma revelação prosaica da minha prima Marina faz parte dessas pequenas e grandes conquistas. Feliz da vida, ela nos disse: "*oba, virei prime no Rappi!*". E ficarão também um monte de novas virtudes até então desconhecidas, ignoradas ou rejeitadas, como os pudins da vida, ou os livros cujo dorso assustam, as viagens que não precisam pousar em Miami, a casa onde não apenas se dorme. E conhecer melhor o carteiro que nos atende, que se chama Laércio e tem dois filhos.

Salve o inesquecível Gonzaguinha!

Saudades do que a pandemia nos ensina

Sentiremos saudades do que este regime de restrições e de medo nos ensinou e inspirou em nós. Daquilo que não aprenderíamos, ou não aprenderíamos na mesma velocidade, em qualquer outra época de nossas vidas.

Talvez seja um grande sacrilégio, mas vale a pergunta: será que daqui a 10 anos sentiremos saudades deste ano de 2020? Não dos tristes momentos que estamos atravessando, não da doença que está de tocaia, não do misterioso vírus, não das dolorosas perdas que muitas famílias sofreram. Isso tudo queremos que acabe o mais depressa possível, amanhã se for possível. Queremos que o rebanho esteja a salvo e protegido o quanto antes.

Saudades do quê, então?

Saudades de tudo o que este regime de restrições e de medo nos ensinou e inspirou em nós. Aquilo que não aprenderíamos, ou não aprenderíamos na mesma velocidade, em qualquer outra época mais normal de nossas vidas. Minha família, em Minas Gerais, quando em situações difíceis costuma dizer: "*tropicão também leva pra frente!*"

No fim das contas, deixando de lado toda a negatividade desta pandemia, o que aprendemos? Ou, o que reaprendemos? Aprendemos ou reaprendemos o que é o poder mágico da força centrípeta! Se me permitem essa metáfora.

As aulas de Física nos mostram a complementaridade das forças centrífuga e centrípeta.

A primeira nos empurra para fora, nos conduz para o mundo, para a rua, para o mercado, para o cinema, para a escola, para o clube, para a vida externa, enfim. Ela não nos pergunta se queremos, ela nos joga para fora do círculo dos nossos ambientes mais íntimos, por força de nossos compromissos pessoais, sociais e profissionais, já agendados e assumidos.

Antes da pandemia, nós éramos guiados todo dia pelo movimento que a força centrífuga impõe. Mas, graças à sabedoria da natureza, nós fomos resgatados pela força centrípeta! Que é o vetor que nos empurra para o centro, para o núcleo, para um reencontro com as coisas que talvez tenhamos de mais essenciais em nossa existência.

... um reencontro com as coisas que talvez tenhamos de mais essenciais em nossa existência.

Foi por isso que milhões e milhões de pessoas puderam olhar com mais atenção para os filhos, ouvir com mais atenção as palavras das esposas e dos maridos. Que puderam olhar menos apressadamente para si mesmos e para a casa ou apartamento onde moram. Que puderam perceber lascas nos móveis, luminárias que precisavam ser mudadas, interruptores que não funcionavam bem, livros que ainda não haviam lido, panelas que estavam sem o cabo. Foi quando muita gente aprendeu a fazer pão, pudim, doce de abóbora, risoto, usar chave de fenda, alicate, furadeira elétrica...

O varejo de material para reforma e construção, supermercados e farmácias abasteceram nossos desejos centrípetos. A internet renovou o sentimento de que não estamos sozinhos no confinamento, há mais gente no mundo, além de nós. O exército alado de motoboys entregadores nos salvou. Salve!

E as marcas que entenderam esse momento centrípeto sairão desta fase mais fortes e desejadas. Que o vírus vá embora! Mas que fiquem esses preciosos sentimentos de crescimento pessoal.

PARASITA: POR QUE A SURPRESA?

O vencedor do Oscar de melhor filme de 2020 – um longa-metragem sul-coreano – continua muito além dos créditos no fim da sessão, invade a nossa vida e alimenta nossas preocupações com a dinâmica da sociedade.

Aconteceu algo inédito que deixou muita gente sem entender. Um filme em outra língua, que não inglesa, levar a estatueta do prêmio maior da noite. E olha que havia concorrentes de peso na disputa. Um mês antes da cerimônia, mais ou menos, eu havia prognosticado esse resultado junto a pessoas próximas. Não tive coragem de fazer isso publicamente. Que pena ter sido covarde!

Eu tenho uma tentativa de explicação sobre o porquê do prêmio. Não é original, pois já ouvi e li coisas semelhantes a respeito. Mas vou tentar revelar o que eu penso. Os demais concorrentes (*Adoráveis mulheres*, *1917*, *Ford versus Ferrari*, *Coringa*, *Era uma vez... em Hollywood*, *O irlandês* e *Jojo Rabbit*) são produções que mereciam estar na disputa pelo pódio. Todos eles são grandes filmes. Assisti a todos, alguns até duas vezes, ou até três, como o *Coringa*.

Parasita, porém, não é apenas um belo filme, que se encerra nos créditos. Ele continua quando saímos do cinema. No metrô, na CPTM, em casa, no sacolão... *Parasita* é uma unidade de medida, e ela revela a distância social que certos liberalismos impõem. Como aquele de que Celso Lafer fala num artigo da página 2 do *Estadão* (18/02/2020): "*Entende-se o valor da liberdade, que alimenta o sonho humano, quando ela é cerceada ou corre o risco de ser cercea-*

da pelo arbítrio da coerção e da prepotência e pelas intolerâncias discriminatórias".

E não é exatamente isso que a gente vê no filme? Um caminho, ainda que estranho, para escapar do "*império da necessidade*". Da liberdade cerceada pela intolerância discriminatória. Quantos dos votos que elegeram o filme não vieram de um sentimento inconfessável de almas feridas por um dolorido débito social? Quantos dos que votaram em *Parasita* viram dentro dos Estados Unidos coisas como essa amostra de Seul? Para além do exuberante desfile no *red carpet*, há parasitas de prontidão, aguardando alguma oportunidade de romper com o império da necessidade.

Parasita em sua etimologia grega é uma palavra composta por *pará* (ao lado, junto de) e *sîtos* (em tempos pré-homéricos designava grãos e trigo, ou seja, alimentação). A palavra nos transporta para uma longínqua era quando parasitas eram bem-vindos. Lá bem atrás, na Grécia antiga, o centro cívico e religioso era chamado de Pritaneu: onde ardia sempre o fogo de Héstia, a deusa que zelava pela família e pelo lar. Nesse local, reuniam-se os pritanes e seus convidados parasitas. Mas a máquina da história se incumbiu de transmutar o parasita em chupim. Hoje ele é o espelho do filme. Ou o inverso.

Um certo sentimento de inconformismo que habita em muitos de nós sabe que o chupim não é o traço pervertido de nossa personalidade. É algo de outra natureza, humana e saudável por excelência. O chupim-parasita é a manifestação de um sintoma de que falava Saint-Exupéry em *Terra dos Homens*. A triste e cruel constatação de que existe um Mozart assassinado em cada uma dessas criaturas; essas que vivem nos porões, nas áreas maltratadas das franjas da sociedade. Em vários cantos do mundo, de Marsilac a Cafarnaum.

Essa é a grande angular que nos deixa ver *Parasita* como uma luz amarela; como uma sinalização de que há liberalismos e liberalismos, nas palavras de Celso Lafer. E mostra que o filme continua muito além dos créditos no fim da sessão, invade a nossa vida e alimenta nossas preocupações com a dinâmica da sociedade. Por tudo isso, não acho que o prêmio tenha sido algo surpreendente.

Quando a máscara cair

O que será de nós quando pudermos tirar a máscara, as luvas e zerar a incômoda distância social? Seremos seres renovados? É um jogo em que não pago pra ver, apenas arrisco algumas apostas...

O que será de nós quando a máscara cair? O que podemos esperar de nós quando estivermos livres novamente da atual ameaça? Seremos seres renovados? Será uma nova era de compreensão e de solidariedade humana na Terra? Ou continuaremos nos engalfinhando pela posse do que cada um conquistou e nos defendendo dos "bárbaros visigodos e ostrogodos", como no filme *Parasita*? Afinal, o que muda e o que permanece igual na pós-pandemia, ou no pós-pandemônio? O definitivo e o provisório são temas que sempre nos perseguiram.

Costumamos olhar para trás para poder iluminar o caminho da vida que segue adiante. Ou dito com palavras mais sábias: *A vida só pode ser compreendida olhando-se para trás; mas só pode ser vivida olhando-se para a frente...* (Kierkegaard). Não sei o que é mais difícil, olhar para trás ou antever o futuro. Mas, como a máscara vai cair no futuro, é dele que eu quero falar. Vou me arriscar! É como pular na piscina sem saber direito quanto de água há lá embaixo. Vou começar falando do que eu acho que vai mudar.

Quando cair a máscara, é muito provável que até lá tenhamos incorporado alguns hábitos e cuidados que hoje tratamos com certa displicência. Coisas que já deveríamos fazer há muito tempo. Por exemplo, na era da cirurgia por robô, da comunicação digital instantânea, dos carros que não precisam de motoristas, dos Jetsons que viraram coisa real... nestes novos tempos, não lavamos as mãos decentemente. Dá para acreditar nisso? E mais: tenho quase certeza de que a patrulha social não permitirá que ninguém mais tussa ou espirre como antes. Alguém vai olhar de esguelha de forma punitiva e você concordará que precisaria ter tomado mais cuidado.

Quando cair a máscara, é muito provável que até lá tenhamos incorporado alguns hábitos e cuidados que hoje tratamos com certa displicência.

Será que vamos continuar fazendo viagens desnecessárias a pontos de venda que também nos atendem por delivery? As desnecessárias, não mais. Gasolina, trânsito, tempo perdido, stress... E olha que, quem me conhece, sabe o quanto eu adoro comprar em supermercados, feiras e shoppings. Vou continuar sendo o Jaime, mas vou priorizar o que é fonte de prazer e terceirizar a chateação. Espero que até lá a engenharia do delivery esteja mais preparada para acompanhar essa mudança de hábito, pois ainda não está. Acabou de acontecer comigo: uma grande rede de supermercados entregou as compras na data errada, quando não havia ninguém em casa, e os perecíveis, logicamente, pereceram. Mas isso vai melhorar, afinal nada como um tropicão para levar as empresas para a frente.

É muito provável que nossas casas ganhem um toque a mais do que chamamos lar. Algo que nos aproxime de um traço de aldeia, de ambiente tribal, que nos acolha melhor e nos empurre menos para fora. Que cresça sua função como centro de lazer, convivência e entretenimento. E mais importante do que essas funções, apenas idílicas na opinião de alguns, é que o lugar onde habito se torne ambiente de trabalho pela parte maior do meu tempo profissional. A chance que estamos tendo hoje, compulsoriamente, de testar esse modelo, o home office, é absolutamente fantástica. Duvido que dessa experiência não sobre nada. Será que todos nós voltaremos diariamente ao escritório sem ter qualquer nostalgia deste espaço onde estou agora e onde minhas tarefas fluem tão bem. O que é obrigatório vai se tornar opcional daqui a algum tempo. Várias empresas já planejam isso. O trânsito e a poluição agradecerão.

Eu creio com firmeza que, ainda que ironicamente, vamos agradecer a essa dolorosa experiência por tudo que ela nos inspira e nos ensina. E nos abre os olhos para oportunidades no futuro.

Tenho uma lista de outras áreas da vida que vão se alterar com estes ventos da pandemia. Mas há muita coisa que provavelmente não vai mudar. E quero agora falar do que é definitivo, do que não está sujeito a mudanças. Ou seja, vou me arriscar e pular na piscina. Já que estou na borda, tenho vergonha de voltar.

E então, o que não deve mudar quando cair a máscara?

Acreditem, nós não veremos o nascimento de uma nova espécie humana. Não será a sonhada Era de Aquarius. Puxem pela memória e cantem:

> **"This is the dawning of the Age of Aquarius...**
> **Harmony and understanding**
> **Sympathy and trust abounding"**

Isso não é o que nos espera mais à frente. Quem não gostaria que a vida imitasse a arte? Mas sabemos que não será assim.

Continuaremos a discutir no trânsito, a fazer um sorriso amarelo para o filho do vizinho que aperta vários botões do elevador, vamos nos irritar com o caixa que para atender o celular antes de nos dar o troco, ficaremos verdes de raiva quando o outro ocupa a vaga no shopping que estávamos manobrando para estacionar, e vamos respirar fundo quando nossos adolescentes revirarem os olhos e lançarem aquele insuportável olhar de tédio... Complete você a longa lista das nossas intransigências, destemperos, ressentimentos e iras, por favor.

Continuaremos a ser uma fábrica de desejos. Alguns que vamos realizar e outros recalcar, adiar, tentar ignorar. Mesmo com a terceirização de que eu falei antes, vamos lotar os shoppings e namorar as vitrines como uma Audrey Hepburn na frente da Tiffany. E quando sua filha ou sua esposa disserem: eu vou entrar porque eu só queria ver uma coisa, você saberá perfeitamente o que o verbo ver significa.

E no corredor seguinte, você vai fazer a mesma coisa, pelas mesmas necessidades internas. Vamos continuar sonhando e rezando pelo futuro desenvolvimento e independência de nossos filhos. E torcendo para eles saltarem o sarrafo que nós representamos em suas vidas.

Estes momentos de isolamento e de distanciamento social que vivemos são um enorme, imperdível e irrecusável convite para olharmos para dentro de nós mesmos. Para redescobrir o nosso roteiro na vida e o que nos trouxe até hoje. Lembrem-se, a mensagem que Kierkegaard nos legou é de um compromisso daqui para a frente. Mas o flashback faz parte da jornada!

Vejo dois tipos de pessoas. As que sofrem com o isolamento e resistem em caminhar por essas trilhas internas. E outras, que têm se apropriado desses momentos como um grande presente e recriam novos caminhos a partir dessas incursões solitárias. Ou seja, nada de muito novo. Sempre houve gente dos dois tipos. Acho que isso continuará sendo assim.

De maneira geral, o que temos de essencial em nossa constituição como sujeitos não têm muito prazo de validade e resistirá à passagem da Covid-19.

É como a reflexão do poeta Fernando Pessoa em alguns versos da "*Tabacaria*", quando imagina o que acontecerá com ele e com o dono da tabacaria defronte, que ele enxerga pela janela.

> **...Mas o Dono da Tabacaria chegou à porta e ficou à porta.**
> **Olhou-o com o desconforto da cabeça mal voltada**
> **E com o desconforto da alma mal entendendo.**
> **Ele morrerá e eu morrerei.**
> **Ele deixará a tabuleta, e eu deixarei versos.**
> **A certa altura morrerá a tabuleta também, e os versos também.**
> **Depois de certa altura morrerá a rua onde esteve a tabuleta,**
> **E a língua em que foram escritos os versos.**
> **Morrerá depois o planeta girante em que tudo isto se deu.**
> **Em outros satélites de outros sistemas qualquer coisa como gente**
> **Continuará fazendo coisas como versos e vivendo**
> **por baixo de coisas como tabuletas,**
> **Sempre uma coisa defronte da outra...**

O que será de nós quando pudermos tirar a máscara, as luvas e zerar a incômoda distância social? É um jogo em que não pago para ver, apenas arrisco algumas as apostas como essas que acabei de fazer.

Em pouco tempo, vamos nos reencontrar sem máscaras e conferir tudo isso.

Cabaret:

está mais do que na hora de assistir outra vez

Ele nos lembra que nenhuma mudança no comportamento político e social de um país é algo que ocorre da noite para o dia. Vi o filme, pela primeira vez, em 1973. De lá pra cá, mais umas seis vezes. Nunca, porém, aproveitei e sofri tanto como nesta última vez, em junho de 2020.

Percebi que eu fiquei mais velho e o filme, muito mais jovem. Vejam vocês também e, mesmo já tendo assistido, me digam se Bob Fosse, o diretor do longa-metragem, não estava pensando no Brasil quando Cabaret foi rodado.

O filme narra uma história que se passa em Berlim, contada a partir do ângulo de um cabaré, onde pouco a pouco os frequentadores tradicionais vão sendo substituídos pelos de camisa parda, que infestaram a Alemanha na ascensão do nazismo.

A lição de Cabaret é que nenhuma mudança no comportamento político e social de um país é algo que ocorre da noite para o dia. Há movimentos internos que vão se desenvolvendo aos poucos, mesmo que nem todos sintam o que está por vir. Com o perdão da comparação, é como uma atividade peristáltica, que a gente bem sabe onde termina. Ou, sendo mais educado, uma agitação tectônica que, em algum momento, nos chacoalha.

Ou mesmo algo como a calúnia, dramaticamente descrita numa ária do *Barbeiro de Sevilha*. Algo que começa como um pequeno ventinho, um zumbido, e vai crescendo, crescendo e quando a vítima da calúnia se dá conta, lá se foi sua reputação.

Cabaret tem esse mesmo ritmo. Pouco a pouco, a mentalidade de uma fração grande da sociedade alemã vai se convencendo de que o caminho autoritário recuperaria sua dignidade e sua economia, perdidas depois da Primeira Guerra e dos sacrifícios que o Tratado de Versalhes impôs.

Em algum momento do filme, numa cervejaria onde muitas pessoas de diferentes idades bebiam e conversavam, ergue-se um jovem muito loiro, de camisa parda, suástica na manga e canta, inicialmente sozinho. Um dos trechos diz:

> ***"The Rhine gives its gold to the sea.***
> ***But somewhere a glory awaits unseen.***
> ***Tomorrow belongs to me."***

O contágio cresce entre os clientes. É vibrante. Quase ninguém se recusa a cantar, como se fosse uma ode aos tempos que viriam. Um sonho de libertação e de recuperação da dignidade nacional perdida. E ouve-se o uníssono *Tomorrow belongs to me* se repetir muitas vezes. Acho que é o segmento do filme que ilustra e marca bem a cristalização da nova mentalidade hegemônica no país.

Tenho a sensação de que algumas vezes ouço esse *Tomorrow belongs to me* sendo entoado por pessoas que eu não poderia supor que se encantariam com esses versos aqui no Brasil. Os indicadores sociais que acompanho dizem que em torno de 70% dos brasileiros não cantam essa música. Porém, a história tem nos ensinado que 30%, dependendo de quem eles sejam, são mais do que suficientes como agentes de transformação, ainda que ela não se sustente a médio prazo.

Nas primeiras sequências de Cabaret, o apresentador vivido por Joel Gray (Oscar de coadjuvante) convida os clientes a permanecerem e aproveitarem a vida lá dentro do cabaré.

"Leave your troubles outside!
So - life is disappointing? Forget it!
We have no troubles here! Here life is beautiful
The girls are beautiful
Even the orchestra is beautiful!"

Esses versos eram já um prenúncio de que lá fora as coisas não seriam as mais agradáveis e promissoras. Melhor se refugiar dentro do cabaré e longe da irracionalidade que crescia nas ruas. E, de fato, a situação foi ficando cada vez pior. A doce ilusão de que o cabaré poderia ser um refúgio foi se desfazendo e o desenrolar do filme mostrou o que todos nós estamos cansados de saber.

Não posso crer que este filme seja a inspiração para os próximos tempos de nossa história no Brasil. Por isso, este é o momento de rever Cabaret.

A resiliência do desejo ou partiu Paris

O desejo pulsa em nós. No isolamento, o desejo espia pelas frestas esperando o momento de exibir sua resiliência. Muitas vezes, sem pedir licença para entrar. É uma fera enjaulada.

Não paro de pensar em como será a saída deste "*túnel*" em que nos metemos ou em que fomos metidos. Tenho visto as apostas sensatas ao lado de muitas arriscadas e perigosamente precipitadas. Estas de quem olha para o futuro com a lente suja com a poeira do presente.

O que podemos esperar de nós mesmos quando estivermos livres novamente da atual ameaça? Seremos seres renovados? Não surgirá o novo consumidor fazendo uso matemático e racional em suas rotinas de consumo. Os que já existem ficarão chocados com o aparente descontrole e o movimento febril dos que elegeram o desejo antes do medo.

Como já disse há muito pouco tempo, vamos lotar os shoppings e namorar as vitrines como uma Audrey Hepburn na frente da Tiffany. Ainda não, mas aguardem. O desejo vencerá o medo! Daqui a pouco. Em Paris, já está vencendo!

Folheando o jornal, topo com uma foto como essa, em junho de 2020, em plena pandemia! Não é de arquivo. Não é fake news. Mas do primeiro dia de flexibilização em cafés e restaurantes franceses.. Inveja? Tenha não. Em breve, também na Vila Madalena e no Baixo

Pinheiros. Falo só dos cantinhos de São Paulo que conheço melhor. A Beatriz, que reside em Londres, quando viu essa foto, pulou da cadeira e exclamou: "*Partiu Paris*".

Foto: Sara Darcaj / Unsplash.com

O desejo, essa fábrica interna que tentamos "*gerenciar*" desde que nascemos, é resiliente. Segundo um dicionário, resiliência é a "*propriedade que alguns corpos apresentam de retornar à forma original após terem sido submetidos a uma deformação elástica*". O desejo pulsa em nós. No isolamento, o desejo espia pelas frestas esperando o momento de exibir sua resiliência. Muitas vezes, sem pedir licença para entrar. Às vezes, ele até fura a fila quando não tem ninguém olhando, para ver se chega logo a sua vez. É uma fera enjaulada.

Aldir Blanc, infelizmente, não está mais aqui. Mas se o João Bosco me permitir, acho que dá para trocar, só por algum tempo, bloco por desejo no samba *Plataforma* (1977). Confiram.

Por um bloco
Que derrube esse coreto
Por passistas à vontade
Que não dancem o minueto
Por um bloco
Sem bandeira ou fingimento
Que balance e abagunce
O desfile e o julgamento
Por um bloco que aumente o movimento
Que sacuda e arrebente
O cordão de isolamento

POR TRÁS DO DILEMA DAS REDES

Mesmo que nossa psique muitas vezes vacile, considerar que somos um dócil rebanho sem nenhuma energia interna de defesa é uma ideia ingênua e perigosa. E mentirosa!

Em cartaz no Netflix. Quem não viu ainda, precisa ver, se quiser! Há razões de sobra para assistir ao filme O *dilema das redes*. Afinal, queiramos ou não, estamos imersos numa grande trama digital. Somos como o peixe que não sabe que tudo ao redor dele é água. Nossa água são bits, numa infinita estratosfera binária.

O que o filme revela não é, em si, uma grande novidade, mas tem um tratamento diferente de outros que também denunciam ou simplesmente mostram como somos levados a fazer e pensar o que outros querem que façamos ou pensemos. É como se os algoritmos estivessem de tocaia numa curva digital que acessamos e que acabam mapeando nossos próximos desejos e necessidades. Eugênio Bucci, num belo artigo no *Estadão* (24/09/2020) diz: "*Enredaram a humanidade*".

O *dilema das redes* sugere que somos cativos, somos conduzidos, somos treinados, somos seduzidos, somos menos nós mesmos e mais o que eles, que dirigem as redes sociais, querem que sejamos. Os porcos da *Revolução dos Bichos* (George Orwell), pelo menos, se revoltaram, ainda que ao final da história tenham se submetido a uma opressiva tirania. Nós seríamos os porquinhos mais dóceis na história.

O que o filme nos leva a pensar é que vivemos sob um torpor obediente, como uma droga que nos imobiliza. Somos adictos de redes e drogas.

Bem, eu poderia parar aqui e simplesmente concordar com a existência desse plano maligno das redes e seus métodos de dominação dos nossos sentidos, vontades e opiniões. Como se elas estivessem pondo em marcha algo tão fantasioso como foi também O *Protocolo dos Sábios de Sião*, mas substituindo judeus e maçons pelos Zuckerbergs da vida. Mas isso não é verdade. E eu fico ruminando duas encucações.

São duas cismas que eu tenho. A primeira é mais cinematográfica. Lembro-me de um filme com estrutura semelhante? Russel Crowe, no papel de um importante ex-executivo de uma indústria de tabaco, em O *informante*. Ele acaba revelando, numa entrevista na tevê, no programa *60 minutos*, como o fabricante acrescentava substâncias viciantes no produto. Em O *dilema das redes*, são ex-executivos do Facebook, Twitter, Instagram, Pinterest que fazem a denúncia.

O dilema das redes sugere que somos cativos, somos conduzidos, somos treinados, somos seduzidos, somos menos nós mesmos e mais o que eles, que dirigem as redes sociais, querem que sejamos.

Ficou na minha cabeça uma pergunta: será que esses profissionais que saíram das redes não estavam fazendo, por meio do filme, uma certa delação premiada para ver se conseguem se libertar da tornozeleira eletrônica da culpa que carregam? Expiada a culpa, rompe-se a tornozeleira.

E os que continuam nas respectivas empresas estão esperando uma chance para suas delações? Ou não estão nem aí para isso?

A segunda cisma que tenho me incomoda muito mais. O filme faz questão de insistir em nossa incapacidade de resistir à pressão e a uma sedução diabólica das lógicas algorítmicas. Ulisses se prendeu ao mastro para resistir ao canto das sereias. Mas podemos pensar que para nós não há Homero que nos impeça de ser seduzido. Ou será que há?

Há, sim! Nós somos Homeros de nós mesmos. Nós não somos vulneráveis e indefesos como o filme imagina. Temos uma energia interna, consciente ou inconsciente, que nos permite reagir contra o que não nos convém. Mesmo que nossa psique muitas vezes vacile. Mas daí a considerar que somos um dócil rebanho sem nenhuma energia interna de defesa é uma ideia ingênua e perigosa.

Não tenho qualquer dúvida: nós vamos viver nesse aquário digital sem repetir a história dos peixes. Por um desígnio da evolução, ela nos presenteou com uma capacidade de conseguir entender o que os peixes nunca entenderão. Temos como dizer não, se quisermos. Alguns de nós com mais preparo ou sensibilidade, outros com menos, mas todos com seu próprio aparelho interno que funciona como mastro.

Vejam o filme. Mas se não quiserem, não vejam. Afinal, nós temos como dizer não.

098 777791 6716 66787732983

CONSUMIDORES

DIZEM O
QUE PENSAM.

MAS FAZEM O
QUE SENTEM.

AGORA E SEMPRE!

O NOVO ANTIGO NORMAL: EM BREVE

Não surgirá o novo consumidor, que faz uso matemático e racional em suas rotinas de consumo: aliás, essa espécie nunca existiu. O desejo vencerá o medo! Ele pulsa em nós. No isolamento, o desejo espia pelas frestas esperando o momento de pôr a cabeça para fora.

Não sou economista. Aliás, sinto-me um outsider nesta área, mesmo sendo leitor contumaz do caderno sobre o assunto do jornal e pai de uma jovem economista. Mas não resisto à tentação de mexer nesse vespeiro. Qual? As previsões sobre os próximos meses em nossa economia.

Nós temos convivido com múltiplas tentativas de antecipar o grau de dificuldade que enfrentaremos. Há apostas para a queda do PIB, algo que vai dos "*otimistas*" 6% aos mais trágicos, chegando a quase 10%. Na visão mais pessimista, cairemos o equivalente a quase meio Chile neste ano. É isso mesmo que vai acontecer? Algumas coisas me inquietam e compartilho três ideias sobre o que esperar do segundo semestre.

Em primeiro lugar, me parece sempre que a visão do futuro é feita hoje com uma lente obscurecida pela poeira do presente. E olha que é muita poeira!

Em segundo lugar, a projeção é feita, habitualmente, com a exclusão de uma variável que não costuma entrar nos cálculos econométricos. Estou falando de uma variável que, pouco a pouco, década após década, tem se atrevido a entrar nas reservadas discussões dos economistas e seus pares.

Em 2002, Daniel Kahneman ganhou o Nobel de Economia ao integrar considerações de natureza psicológica em suas investigações. Ou seja, mostrou o quanto o imponderável e nem sempre previsível comportamento humano pesa nas decisões que se refletem na vida do mercado. Em 2017, foi a vez de Richard Thaler ser laureado com o Nobel de Economia ao integrar pressupostos da psicologia em suas análises. Ele ousou dizer que as equações formais não resistem à irracionalidade do comportamento humano. E dizem que ele iria gastar o seu milhão de dólares de prêmio da forma mais irracional possível!

No território profissional de Branding em que estou metido, acompanho as mais variadas flutuações nas decisões de consumidores. Algumas são fáceis de compreender racionalmente, outras, de uma aparente irracionalidade, se nos pautarmos por um sentido de fria sensatez. Querem exemplos? Você já deve ter visto, em bairros de classe média, um carro numa garagem que é menor que o comprimento dele. Logo, cria-se um calombo na grade para acomodar o veículo. E gente que compra muitas roupas que acaba não usando pelo receio de que fiquem velhas? Quer mais?
Homens – principalmente homens –, em restaurantes do tipo rodízio, que se empanturram de carne e sobremesas doces e depois encerram a refeição tomando café com adoçante. Convivo com uma interminável coleção de exemplos que deixariam R. Thaler feliz. Essa aparente irracionalidade é muito difícil de ser captada pelas métricas mais racionais. E são irracionalidades que movimentam a economia.

O desejo vencerá o medo! Ele pulsa em nós. No isolamento, o desejo espia pelas frestas esperando o momento de pôr a cabeça para fora.

Bem, em terceiro lugar vêm os desejos e necessidades de consumo que estão sendo recalcados neste delicado período dos últimos meses e não foram enterrados. Aposto que não veremos o nascimento de uma nova espécie humana. É mais provável que estejamos diante, mais uma vez, do novo antigo normal. Não surgirá o novo consumidor, que faz uso matemático e racional em suas rotinas de consumo: aliás, essa espécie nunca existiu. O desejo vencerá o medo! Ele pulsa em nós. No isolamento, o desejo espia pelas frestas esperando o momento de pôr a cabeça para fora. Nas aglomerações da Rua 25 de Março ou no bairro do Brás, em São Paulo, nas filas dentro da Leroy Merlin, nos pequenos mercados da periferia, nos parques ou no Beto Carrero World, em Santa Catarina, o desejo já decretou sua alforria. Porque, como disse nosso poeta Ferreira Gullar, "*dentro, no coração, eu sei, a vida bate. Subterraneamente, a vida bate.*"

Eu não ouso vaticinar, mas me encanta a chance de as equações não expressarem toda a verdade e nossa retomada no segundo semestre ser mais surpreendente do que os sacerdotes da economia estão prevendo. Aliás, não seria a primeira vez que nos preparamos para um PIB que não responde à racionalidade técnica de economistas.

INDULGÊNCIA HOJE, NÃO DEIXE PARA AMANHÃ

Alguém já disse algo assim: dê-me o supérfluo e eu abro mão do necessário. Quem apostar apenas na satisfação de necessidades primárias não estará pronto para atender à multidão de pessoas que anseiam por indulgência.

Mesmo que o Brasil seja ainda, infelizmente, um país que sofre pela fragilidade em atender as necessidades da base da Pirâmide de Maslow, há mais coisas de que precisamos e que fazem de nós pessoas integralmente mais saudáveis. Se elas têm sido importantes em épocas normais, imaginem agora, durante o nosso confinamento, afastamento social e restrições de acesso a muitos locais.

O crescimento da demanda por produtos assim denominados supérfluos há muito tempo é tema de livros, palestras e matérias em vários veículos de comunicação. A força da indulgência vence a obediência ao preço, ou seja, aquilo que é comprado simplesmente porque é mais barato. Alguém já disse algo assim: dê-me o supérfluo e eu abro mão do necessário. Portanto, quem ficar amarrado apenas a políticas de achatamento de preços como arma competitiva não vai atender à demanda por indulgência, que cresce rapidamente e que crescerá mais depressa quando os orçamentos domésticos ficarem mais flexíveis.

A propósito, entendam indulgência no sentido mais amplo possível. Por um lado, como a natural busca por prazer e autossatisfação:

"Eu tomo uma Coca-Cola, ela pensa em casamento." (Caetano Veloso em *Alegria, Alegria*). Mas indulgência também deriva do quanto é gostoso fruir do benefício da conveniência oferecido por certos produtos e serviços. Pratos prontos e semiprontos são um grande exemplo. É como se alguns consumidores pudessem confessar:

> ***"Antigamente, eu gastava tempo para não gastar dinheiro. Hoje, eu gasto dinheiro para não gastar tempo".***

A força da indulgência não é sufocada. Pode ser recalcada por algum tempo, mas fica de plantão esperando o momento de o desejo ser atendido. Como uma fera enjaulada, sabe que seu momento vai chegar. O personagem Balu, no filme *Mogli o Menino Lobo*, canta: "*Necessário, somente o necessário, o extraordinário é demais...*". Esta demonstração de uma feliz frugalidade é romântica, mas não é o que move o mercado nem a demanda por autossatisfação, tão reprimida em nossos consumidores por tanto tempo. Quando há algum dinheiro sobrando nos bolsos, dane-se o *lifestyle* do simpático Balu!

A reserva de indulgência, recalcada, é enorme, principalmente neste triste e perigoso período que atravessamos. Tirar este atraso vai levar muito tempo. As explosões de indulgência mostraram como funciona esta reação em cadeia, quando ela acontece. Basta lembrar do início do Plano Cruzado e dos meses seguintes ao Plano Real. O que os economistas apelidaram de bolha era, nas minhas palavras, uma natural e incontida expressão de indulgência. A bolha para os técnicos era a necessidade de tirar o atraso para os consumidores.

A força da indulgência vence as patrulhas que vigiam o consumidor! E há tantas. A patrulha da saúde e do fitness (nunca tantas coisas diferentes fizeram tão mal à saúde. E nunca a culpa de não estar fit amedrontou tanta gente). A patrulha do fumo (nunca os cidadãos que fumam se sentiram tão perseguidos, párias e fora de moda). A patrulha ambiental (nunca foi tão *démodé* ignorar o que anda acontecendo com a natureza ao nosso redor). E outras mais.

A força da indulgência vencerá as falanges talibãs, as mercadorias depenadas, as modernas versões de produtos "*pés-de-boi*" de empresas "*mão-de-vaca*" e algumas marcas próprias que propriamente não são marcas. Não me esqueço de um livro que li há algum tempo e fez muito sucesso no marketing americano: *Trading Up* (Michael Silverstein e Neil Fiske). O subtítulo é suficientemente esclarecedor: "*Why consumers want new luxury goods – and how companies create them*". É verdade que esse é um mercado, movido por outros drivers e regras. Mas, de qualquer maneira, não há por que negar que a força da indulgência parece ser um sintoma que penetrou profundamente em nossa mentalidade ocidental, pelo menos. Quem assistiu aos maravilhosos *Adeus Lenin*, *Chocolate* ou *A festa de Babette* entende mais ainda a universalidade desse sentimento.

Temos que nos proteger, temos que ser obedientes aos protocolos sanitários impostos pela Covid-19, temos que agir pensando na sobrevivência. Mas alguma indulgência, a que for possível neste momento, nos mantém saudáveis também. Não deixe para amanhã a indulgência que você puder fruir hoje. Ela é parte dos protocolos da sua saúde também.

TRAÍDOS PELO BOLSO

Quando o consumidor substitui as marcas que ama por outras de menor valor e significado para ele, nada é tão distante da realidade quanto tratar este ato como se fosse infidelidade no amor. A sensação de "se só tem tu, vai tu mesmo" é a expressão de uma contingência.

Vamos desfazer um equívoco e restabelecer a verdade: o consumidor não trai as melhores marcas do mercado, que muitas vezes são líderes, com o seu coração. Trai coagido pelo seu bolso!

A ideia de que é o coração quem trai é uma distorção de análise difundida por alguns setores do jornalismo de negócios. Afinal, comemorar a infidelidade às grandes marcas é, jornalisticamente, muito charmoso e "*appealing*". Ninguém divulga que um cachorro latiu e mordeu alguém. O inverso dá grandes manchetes: "*Homem morde cachorro e sai latindo por aí.*" O jornalismo é crítico e inquieto, por natureza. É ótimo que seja assim. Mas a interpretação corrente sobre estes casos de traição e infidelidade é ingênua e literal.

Do *Novo Aurélio*, retirei algumas acepções para a palavra traição: perfídia, deslealdade, aleivosia. E mais esta: infidelidade no amor. Quando o consumidor substitui as marcas que ama por outras de menor valor e significado para ele, nada é tão distante da realidade quanto tratar este ato como se fosse infidelidade no amor. A leitura "*quadrada*" de dados de consumo publicadas aqui e ali parece mostrar um festival de deslealdades, de abandono de qualquer laço de conexão entre o que nós compramos e o que nós preferimos. E esta visão literal e apressada tem crescido perigosamente! Ela poderia sugerir que o valor incorporado nas marcas que fazem bem sua lição de casa, que têm uma postura mercadológica profissional, que investem regularmente em comunicação acaba sendo ignorado na decisão de compra.

Cuidado! Nada é tão distante da verdade! Você se lembra do que aconteceu durante o Plano Cruzado e o Plano Real? E de quais produtos e marcas sumiram das prateleiras e gôndolas em primeiro lugar? Quando não há constrangimento do bolso, o coração materializa a preferência. O consumidor é sempre traído pelo desejo e coagido pelo bolso! Quando acompanhamos o que se passa na vida de famílias de classes C e D, por exemplo, isso fica mais do que cristalino. Convivendo com essas pessoas por longos períodos, você entende que a suposta traição é apenas uma forma de adiar a materialização do desejo. A sensação de "se *só tem tu, vai tu mesmo*" não é a expressão de infidelidade no amor. É a expressão de uma contingência.

Para quem trabalha no Brasil com a perspectiva de um horizonte de crescimento da economia e expansão do consumo, como é o nosso caso, essas interpretações jornalísticas sobre a emergência irreversível da infidelidade são muito perigosas. Por quê? Em primeiro lugar, porque abalam a crença na eficácia dos procedimentos mais profissionais de marketing e dos investimentos em comunicação. Afinal, se fosse verdade que na decisão de compra a compulsão de infidelidade conduz sempre à escolha do mais barato, todos nós, profissionais de marketing e comunicação, poderíamos começar a procurar outros empregos amanhã mesmo.

Em segundo lugar, porque estimulam a fantasia de que, na "*batalha final*", as hostes Talibãs vencerão. É lógico que elas ganharam *share* e só um tolo nega essa evidência. Porém, usá-las como paradigma para desenvolver negócios, criar marcas fortes e com rentabilidade é uma doce ilusão. E o pior é que há uma nova geração de executivos de marketing expostos à tentação de acreditar que este é o caminho para David vencer Golias.

Em terceiro lugar, porque todos os mercados estão, sabidamente, se "*descomoditizando*": de papel sulfite a carne para churrasco. E neste movimento, preço nunca será a única variável a comandar as decisões de compra. Até nossa pauta de exportações entrou em regime de "*descomoditização*", por meio de um crescente estímulo para que as marcas criadas aqui possam "*viajar*" *para o exterior*.

Em resumo: o que à primeira vista pode parecer uma guerra de todos contra todos, sem laços de afeição e preferência por marcas, é fruto apenas de um retrato precipitado e ingênuo dos comportamentos de compra em nosso mercado. Por isso, eu recomendo: dupliquem a atenção e bom senso quando vocês ouvirem ou lerem notícias alarmantes como "*Consumidor flagrado traindo a marca do* coração".

O ETNOCENTRISMO, O TARGET E O BOLO DE FUBÁ

Há algum tempo, antes da pandemia, fiz perguntas incômodas para algumas pessoas do mundo do Branding. Eu queria saber o quanto elas costumavam aproveitar os mágicos momentos de encontro com o target de carne e osso. Às vezes, ele não cheira bem, mora muito longe e está em lugares que não frequentamos.

A primeira vez que entendi o verdadeiro significado do que é etnocentrismo foi lendo o livro *Padrões de Cultura*, da antropóloga americana Ruth Benedict, falecida em 1948. Um trabalho maravilhoso sobre o relativismo cultural e sobre como a compreensão do que os outros fazem, por que fazem e sentem somente é compreensível a partir de um mergulho na forma como se organiza a vida do próprio grupo de pessoas.

Já recomendei esse livro a muita gente que se envolve com marketing, comunicação e Branding, como uma lição de casa obrigatória. A compreensão do que é etnocentrismo tem um papel operacional. A própria Ruth Benedict, durante a Segunda Guerra, estudou comportamentos dos japoneses para orientar as tropas americanas nas batalhas do Pacífico. Eles simplesmente não entendiam por que os japoneses lutavam de uma forma tão diferente de um exército regular. Essas reflexões deram origem a outro livro famoso da autora, *A espada e o crisântemo.*

Pouca gente levou a sério minha recomendação de leitura. Meu objetivo não era criar especialistas em antropologia, o que, aliás, eu também não sou. O que eu quis e continuo querendo é deslocar o olhar do nosso próprio umbigo para o mundo das crenças e sentimentos daqueles que são nossos consumidores e clientes. O que eu luto para conseguir em cada novo esforço profissional é enterrar de vez a visão autocentrada do narcisismo que distorce os projetos de Branding. Que fazem bem aos olhos ingênuos de alguns e nos afastam daqueles que queremos que nos ouçam. E quanto dinheiro se perde com a dispersão de esforços de marketing e comunicação que pouca gente acaba considerando em seus processos de decisão de compra.

Difícil calcular quantos milhões de reais já foram e ainda são jogados fora por conta do que, um dia, eu chamei de Mal de Rafael. Um episódio que meu amigo Romeo Busarello conseguiu transformar quase num meme. A origem disso é a incrível miopia de um conhecido meu, o Rafael, que tentou de todas as formas me convencer de que Coca-Cola Zero tem algo como 80% de participação no mercado total de refrigerantes. Ele defendia sua convicção dizendo: "*Ora bolas, todo mundo que eu conheço toma Coca-Cola Zero!*"

Alguém poderia me dizer: "*Jaime, que besteira tudo isso. Nem todo mundo é retardado como esse seu amigo. A gente sabe que é preciso olhar nos olhos dos consumidores para planejar nossos projetos*". Pobre Rafael, ele não é nem um pouco retardado. É apenas autocentrado demais. Como, aliás, muita gente em nossa profissão.

Olhar <u>nos</u> olhos é muito fácil. Difícil é olhar <u>com</u> os olhos deles. Conheci muitos profissionais que sempre tiveram essa hábil sensibilidade. Aprendi muito com eles. Talvez nunca tenham lido Ruth Benedict e não precisavam disso. Nós, os demais, precisamos sempre de aulas de alteridade.

Há algum tempo, antes da pandemia, fiz algumas perguntas incômodas para algumas pessoas desse nosso mundo profissional. Eu queria saber o quanto elas costumavam aproveitar os mágicos momentos de encontro com o target de carne e osso. Perguntas do tipo "*quantas vezes por mês ou por semana você vai ao supermercado, mesmo que seja para olhar, bisbilhotar, puxar conversa?*". Resposta: "*O mínimo possível, prefiro o ronco da moto do Rappi chegando.* "*Quais as linhas de metrô em que você gosta de girar* por aí e aproveitar para uma conversinha como quem não quer nada?" Resposta: "Eu não preciso de metrô". "E da CPTM?" Resposta: "Deus me livre e guarde!". "Nos aeroportos, você prefere o saguão ou os lounges?" Resposta: "Que pergunta imbecil. O lounge, né. Afinal, eu não gosto do ambiente tipo estação rodoviária". "E à feira, tem ido? Afinal, os feirantes são os precursores do marketing de relacionamento." Resposta: "Brincadeira, né?".

Olhar nos olhos é muito fácil. Difícil é olhar com os olhos deles.

Em geral, as respostas vinham acompanhadas de uma ou duas justificativas. Eu não preciso estar colado nos consumidores para saber o que eles pensam e sentem. Ou, com tanto material de pesquisa e de inputs digitais em mãos, tenho um límpido retrato de quem são eles. Pessoal, a pandemia vai passar e temos que ir para a rua, para os metrôs, para as feiras, para os saguões... para oxigenar as informações de segunda mão com as quais temos nos alimentado. O target espera por nós no metrô, no ônibus, no shopping, na feira, no bar, no aeroporto, no cinema, nas filas, estádios, restaurantes self service, shows, baladas, parques... Completem vocês.

Lógico que vamos continuar usando cada vez mais toda a tecnologia fantástica de análise de comportamento do consumidor à nossa disposição. Mas a verdadeira vacina contra o etnocentrismo é quando você calça os sapatos do target, quando você vê como ele olha para uma determinada gôndola de supermercado ou quando você entende o que ele sente quando o atendente do posto de gasolina o chama pelo nome, ou quando os pais ouviram o pulsar de um pequeníssimo coração no ultrassom etc.

Uma vez, um cliente que estava há pouco tempo no Brasil quis ir conosco visitar o target, perto do Grajaú, na cidade de São Paulo. Com um olhar distante, um pouco amedrontado, ficamos duas horas conversando com o casal, na residência simples, como só acontece nesses bairros. Foram servidos café e bolo de fubá pelo casal, muito felizes e participativos com tudo o que queríamos ouvir sobre suas vidas. Corta! Doze horas depois, o tal cliente que nos acompanhou, um profissional de Kansas City, com seus lá 45 anos,

nos ligou. Não havia passado bem à noite e atribuiu e diagnosticou: "*O bolo de fubá me fez muito mal. O pedaço que eu experimentei foi o responsável pelas minhas visitas noturnas ao banheiro.*" Bem, socorremos o cliente. Como a Marina e eu, que estávamos juntos na visita, não sentimos nada, pensamos numa outra hipótese para o mal-estar do cliente: nós estaríamos protegidos pois já tínhamos anticorpos que nos protegiam contra o "Fubavid-19".

A vacina contra o etnocentrismo já existe. Muitas empresas já estão imunizadas. Vão aos *Grajaús da vida*, comem bolo de fubá, convivem com pernilongos ao redor, batem longos papos com o assim chamado target e não se *contaminam*. Saem muito mais protegidos de lá. Infelizmente, a maior parte do mercado ainda vê e toca o target apenas ocasionalmente. Mais frequentemente mesmo, só atrás de uma tela.

Quando fugimos desses contatos pessoais, viramos o czar naturalista do Drummond.

> ***"Era uma vez um czar naturalista***
> ***que caçava homens.***
> ***Quando lhe disseram que também se caçam borboletas e andorinhas,***
> ***ficou muito espantado***
> ***e achou uma barbaridade"***

(Anedota búlgara – Carlos Drummond de Andrade)

A ERA DO FAZ DE CONTA

O consumidor diz o que pensa, faz o que sente e posta o que convém. É preciso acompanhar comportamentos offline e online juntos para planejar boas estratégias e falar com pessoas de verdade, não somente com o que criam sobre elas mesmas.

Muitos pensadores ao longo dos séculos, desde os gregos, nos tratam como um animal social. E nada indica que deixaremos de ser assim. Durante a história, a forma de "*ser social*" mudou, mas, em essência, a necessidade de estar em contato, de trocar experiências, de se perceber e perceber o outro é inerente à nossa existência. Fomos nos transformando em cada época, mas nunca deixamos de interagir. Até quem diz que não interage está socializando de alguma forma, está passando uma mensagem.

Em meio a todas essas interações, os pensamentos e as ações muitas vezes se desencontram. As pessoas se mostram para o mundo de maneira diferente do que realmente pensam e sentem. De forma automática ou planejada, acabam usando algumas máscaras que revelam uma profunda dissonância entre ser e se mostrar. O que também é uma dissonância típica de nosso comportamento social.

Dou um exemplo de como isso acontece: em um mundo em que diversas causas sociais e ambientais vêm ganhando espaço e relevância, ajudar o próximo, cuidar do meio ambiente, estar mais em contato com a natureza, ser mais presente na vida das pessoas se tornam formas de satisfazer uma necessidade moral, não uma vontade genuína das pessoas. Claro que existem pessoas que realmente acreditam e fazem sua vida em torno dessas causas, mas o que é muito comum também é que esses comportamentos não sejam a legítima expressão de suas atitudes internas.

E assim, diante de uma certa pressão social, encontramos pessoas que falam, que postam, que até fazem alguma coisa, mas sem consistência, sem verdade. Desse modo, constroem a falsa sensação de "*estar fazendo a sua parte*", buscando refúgio no uso de canudinhos de vidro ou metal, para em seguida consumir uma água em garrafa pet, junto de um copo de plástico e dentro de uma sacolinha plástica para facilitar o transporte. A coerção social que age sobre nós é muito intensa e nem sempre resistimos. Acabamos fazendo o que se espera de nós, muito mais do que nossos recônditos desejos esperariam que fizéssemos.

Nesta era, assim como também em outras, o faz de conta está muito presente. E na internet isso tudo se intensifica. Impulsionado pelas redes sociais, onde as pessoas se escondem atrás das telas, o faz de conta ganha força fora das histórias fantásticas. A própria vida se torna um faz de conta, onde as ações e reações a determinados temas são pré-ensaiadas, pré-montadas. Acabamos de assistir na TV ao resultado de uma pesquisa em que se detectou, ingenuamente, que quase dois terços da população rejeitam e não compram produtos de empresas que usam trabalho escravo, que tratam mal os animais etc. É o tipo de coisa bonita, politicamente correta, para se responder numa pesquisa. Doce ilusão! Fosse assim, estaríamos vivendo num paraíso.

E é a essa intersecção que as marcas precisam estar bem atentas quando decidem basear suas estratégias digitais observando os comportamentos dos públicos nas redes. Muitas vezes, de nada vale um like, uma foto, se isso não representa a realidade dos consumidores. É preciso estar sempre acompanhando os comportamentos offline e online juntos, para que cada estratégia seja assertiva e fale com pessoas de verdade, não somente com o faz de conta que elas criam sobre elas mesmas. Afinal, o consumidor diz o que pensa, faz o que sente e posta o que convém.

Percebemos que esse movimento já vem acontecendo, por exemplo com os primeiros testes do Instagram para a retirada do número de likes das postagens. Quantas estratégias de marketing digital irão por água abaixo caso esses testes funcionem? Muitas, pois ainda é muito intensa a necessidade de medir o sucesso de uma campanha por "*número* de *likes*". Quando vemos uma rede que está repensando esses movimentos, já é um aceno de que as coisas precisam mudar na forma que essa relação marca - consumidor - digital está sendo construída.

As armadilhas estão espalhadas por aí. Cuidado para não pisar em uma delas. Em Branding, é tão importante ouvir o que as pessoas estão falando quanto, e talvez principalmente, compreender o que se passa no fundo de sua mente.

O efeito Diderot e a pandemia

Conheço muitas famílias e pessoas que aproveitaram o período para rever e ajustar suas necessidades domésticas e pessoais. Já outras se renderam a novos impulsos de compras e, querendo compensar alguma falta, lotaram carrinhos nos home centers.

Denis Diderot (1713-1784) foi um filósofo francês. Junto com seu colega Jean d'Alembert (1717-1783), ele liderou a criação da primeira enciclopédia na Europa, uma obra monumental com 35 volumes, um grande dicionário de todo o conhecimento que a humanidade produzira até então.

Contra a vontade de seu pai, Diderot decidiu que seria escritor. E assim foi. Mas, como em quase todas as épocas e com quase todos os autores, essa é uma profissão que gera receitas contadas para a maior parte dos que se aventuram nela, até mesmo algumas figuras célebres. Bem, cumpriu-se a "maldição do pai" e Diderot se viu às voltas com uma falência e, aos 52 anos, não poderia arcar com o dote de sua filha, que estava prestes a se casar.

Seu ativo ou a propriedade mais valiosa era sua grande biblioteca, que ele havia reunido ao longo de muitos anos. Mas, para sua sorte, a imperatriz russa Catarina, a Grande (1729-1796), acabou sabendo do que se passava com ele. Figura famosa que era, fez a Diderot uma proposta irrecusável: comprar a biblioteca e lhe oferecer a função de ser seu gestor. Dizem que, em dinheiro de hoje, ele ganhou algo em torno de 50 mil dólares.

Acabaram-se os problemas de grana. Vida nova! Pelo menos, é o que se poderia esperar no plano da fria racionalidade. Sua primeira decisão após a venda foi comprar um novo e belo roupão escarlate, para festas.

Dinheiro no bolso, um emprego e um belo traje escarlate, o que poderia haver de melhor após o sufoco que ele havia passado?

Mas algo não estava bem. Diderot olhou em volta e sentiu o quanto seu belo traje não combinava com absolutamente nada que ele tinha em casa. Nem com as cortinas, nem com o tapete que deveria ser trocado por um Damasco. E aí foi a vez do espelho sobre a lareira, uma nova mesa etc. Enfim, seria necessária uma redecoração completa dos ambientes para integrar as partes que não dialogavam entre si. Em pouco tempo, suas aquisições cada vez mais luxuosas acabaram drenando suas valiosas reservas por completo.

Quem já fez reformas em casa sabe do que estou falando. Aliás, dizem que é a melhor forma de testar a saúde de um casamento. Séculos depois, muitos de nós ainda sofremos ou lutamos sob o efeito Diderot, de duas formas opostas: submetemo-nos ou tentamos nos libertar dele. No "*túnel*" da pandemia, milhões de pessoas estão buscando a melhor estratégia para atravessar esse período.

Conheço pessoalmente muitas famílias e pessoas que aproveitaram esse período para rever suas políticas de ajuste das necessidades domésticas e pessoais. São as que não recorreram ao "*traje escarlate*" para justificar investimentos em novos padrões e impulsos de compras. Ao contrário, aproveitaram a oportunidade para redimensionar o que, de fato, seria o conjunto de suas necessidades mais importantes. Mesmo sem nenhum ato de violência contra seus desejos mais importantes ou suas fontes de prazer mais vitais. Não chegaram a implantar uma política minimalista, mas não foram aprisionadas pelo efeito Diderot.

Mas eu conheço, e acredito que você também, famílias e pessoas que têm enfrentado a pandemia de outra forma: recorrendo à armadilha do "*traje escarlate*". São sempre políticas compensatórias. Ouvi, há pouco tempo, a seguinte frase de um chefe de família "encarcerado" com todos em casa: "Acho que vocês têm *razão, essa nossa TV nossa não dá mais. Vamos aproveitar e pular pra uma smart e maior."* Ao que uma filha completou: "Mas *aí, só* Netflix *não vai dar, né pai? Tem que ter também Amazon Prime e Disney+".* E outro "encarcerado" que escutava o diálogo se lembrou do sofá desconfortável com um rasgadinho na lateral e, lógico, do equipamento de som atual que iria estrangular o prazer do som da nova TV. Quem visitou home centers durante a pandemia deve ter visto o efeito do "*traje escarlate*" nos carrinhos e nas listas de compras dos clientes.

Você quer mesmo? Você precisa? Você pode?

Acredito firmemente que esses opostos estejam buscando a melhor forma adaptativa de atravessar a pandemia e sair do "*túnel*". Não ergo um juízo de valor em relação a qualquer um dos dois caminhos. Mas também não posso deixar de me colocar pessoalmente, antes que a dúvida fique no ar. Confesso que tenho uma certa quedinha pela primeira estratégia. Contra o traje escarlate, ergo o brasão da cidade de São Paulo: *non ducor duco.* Sempre? Não! Mas boa parte das vezes.

Lembro-me de um amigo adolescente que tive no Cambuci, um bairro onde vivi durante muito tempo em São Paulo, do qual eu saí faz algumas décadas, mas que insiste em não sair de mim. Quando esse amigo dizia ao pai que queria comprar algo, uma roupa, um brinquedo, um livro, um disco, ouvia sempre o pai fazer três perguntas: Você quer mesmo? Você precisa? Você pode? A compra estaria garantida mediante três respostas sim. Eles certamente nunca tinham ouvido falar de Diderot e eu também não, mas criaram uma bela blindagem contra seu efeito.

Se posso resumir o que sinto: uma estratégia de exagerada resistência ao exercício do desejo de compra não nos faz nada bem durante esta jornada na pandemia. Da mesma maneira, o oposto não funciona porque não temos Catarina, a Grande, para nos tirar do buraco. A única certeza que tenho é que aproveitar essa delicada fase de nossas vidas para crescer pode se revelar um grande presente, ainda que compulsório. Afinal, tropicão também leva pra frente!

COVID-19: LUZ e SOMBRA

Um estudo nos revelou o impacto da pandemia na forma como as pessoas enfrentam esse desafio e projetam seu futuro. Mas esperar que esses comportamentos e sentimentos atuais possam ser mecanicamente estendidos para a pós-pandemia é pura ingenuidade. Os impactos desses insights para o Branding também são difíceis de ignorar.

A pandemia tem imposto enormes desafios a médicos, sanitaristas, profissionais da área de saúde em geral e, acima de tudo, à Ciência. Estamos diante de um drama humano doloroso, traiçoeiro e universal. O que assistimos é o desenrolar de situações imprevisíveis com um poderoso impacto na vida presente, nos movimentos da economia, nas ameaças sociais e numa névoa que nos impede de enxergar e fazer apostas sobre o futuro.

Uma situação inesperada como essa coloca a sociedade em compasso de espera, tanto de soluções que podem ser providas pela Ciência quanto dos padrões sociais de comportamento que interferem no ritmo de controle da doença. De maneira geral, é tudo muito imprevisível e de controle precário, como tem acontecido nos últimos quatro meses.

Como cidadãos, nós, da TroianoBranding, ajustamos nossos comportamentos aos padrões indicados pelos órgãos que gerenciam a saúde. E procuramos imaginar que sairemos desse túnel tão breve quanto possível. Ao lado disso, como profissionais profundamente envolvidos com a área do comportamento, decidimos nos dedicar à compreensão dos sentimentos humanos que se manifestam neste verdadeiro campo experimental criado pela pandemia.

Sim, consideramos que situações tão atípicas como a atual merecem esse olhar. São um campo experimental que, embora não planejado como tal, nos dá a chance de avaliar padrões de conduta e de atitudes que não encontramos de forma tão evidente em situações normais. Diante disso, colocamos a mão na massa, com as ferramentas mais sofisticadas de que dispomos, para estudar a natureza dos sentimentos humanos neste cenário.

ZMET® *(Zaltman Metaphoria Elicitation Technique)* foi a tecnologia que empregamos. Uma ferramenta de neurociência patenteada pela Harvard Business School que não utiliza métodos invasivos. Ela se baseia na elicitação de metáforas para buscar pensamentos e sentimentos não conscientes, que se escondem abaixo da superfície da racionalidade.

O que fizemos foi explorar as polaridades que habitam hoje a mente e as fantasias das pessoas neste momento de nossas vidas. Decidimos usar nossa expertise para entender de forma profunda como esses polos opostos convivem de forma harmoniosa ou não. E também como elas olham para a frente e projetam esse futuro incerto, pós-pandemia. Ao lado disso, e talvez ainda mais importante, levantar uma hipótese sobre como estaremos ao chegarmos ao final deste período de crise. São questões ambiciosas, que requerem uma abordagem de particular sensibilidade, como ZMET®.

Sabemos que as pessoas, os consumidores, dizem o que pensam, mas fazem o sentem! Essa tecnologia de investigação tem a possibilidade de penetrar nos sentimentos, nas fantasias, nas especulações pouco conscientes que fazemos. Para isso, ela se apoia essencialmente em recursos de imagens que permitem que esses elementos não conscientes sejam elicitados. A consequência dessa operação, desse mergulho, é a construção de um mapa que reproduz as conexões mentais das pessoas que entrevistamos, cada uma delas por cerca de duas horas.

É esse mapa que nos revela o impacto da pandemia na forma pela qual as pessoas estão enfrentando esse desafio e projetando o futuro. Uma das consequências fundamentais do estudo, em suas implicações mercadológicas, é eliminar a ingênua expectativa de que os comportamentos e sentimentos atuais podem ser mecanicamente estendidos para a pós-pandemia. Muitas pesquisas divulgadas neste período caem nessa armadilha. Supor que sairemos do túnel como se fôssemos uma nova espécie humana moldada pelas condições desse momento.

Nosso projeto, pelas propriedades técnicas que a ZMET® aporta, ultrapassa os limites estreitos dessas constatações ingênuas e precipitadas. E mostra, ainda que como uma hipótese, porém bastante plausível, o que esperar dos comportamentos humanos no futuro, que esperamos que não tarde a chegar.

E mais, como profissionais de Branding, nos vimos diante de algumas constatações inevitáveis. Por isso, ao terminar o trabalho, resolvemos resumir o essencial em três mensagens importantes para quem navega por essa área:

- É o momento de acessar o consumidor com cuidado todo especial. A pandemia é uma situação que exige linguagens equilibradas: nem cor de rosa nem tampouco aterrorizantes.
- Desta fase, sobrarão intensas lembranças. No pós-pandemia, as marcas poderão ser lembradas por terem sido grandes aliadas ou pelo oportunismo de aproveitarem que estamos cativos e mais vulneráveis.
- Darwin continua por aqui. O que as marcas mais adaptadas a este cenário têm ou fizeram para não serem extintas? Bastam a elas três palavras: Propósito, Consistência e Autenticidade.

Elas continuaram se pautando por um claro Propósito.
Foram consistentes, não pularam de galho em galho.
E fizeram aquilo que, de fato, praticam: foram autênticas.

Na pós-pandemia,
veremos quem são as
EMPRESAS
que aprenderam
com a situação

DIGNIDADE GERA RENTABILIDADE

Minhas peregrinações têm mostrado contrastes nos espaços de compra para os segmentos de renda média e baixa. Há lugares onde as pessoas se sentem mais pobres do que são e outros em que o cliente é soberano.

Eu moro em São Paulo e tenho a mania, que é acima de tudo um hábito profissional, de visitar, observar e fuçar em supermercados, shopping centers, lojas, pontos de venda em geral. Não posso negar, é uma fonte de prazer de um típico voyeur social. O que quero dividir com você são alguns insights que derivam dessas minhas peregrinações. Aliás, são muitos anos de peregrinação, porém vou me concentrar em dois temas mais importantes.

O primeiro tem a ver com a inspiração do Louis V. Gerstner (CEO IBM 1993-2002). Ele costumava dizer e pautava seu estilo de gestão pela certeza de que é muito perigoso olhar o mundo a partir apenas de nossa mesa de trabalho. E isso mesmo considerando a montanha de informações e dados que brotam das múltiplas telas que gravitam ao nosso redor.

Bem, nessas andanças pela minha cidade e por todas as outras onde tenho posto os pés, aumentei minhas convicções de que o ex-CEO da IBM está coberto de razão. Não há big data que substitua o fruto do olhar, ouvir, bisbilhotar, conversar, observar, sentir, xeretar.

E quando o voyeurismo acontece longe do local onde moro, o prazer da descoberta é ainda maior. Sempre volto com a mala cheia de novos ensinamentos. E, embora não sejamos propriamente artistas, sempre soam na minha cabeça os versos do Milton Nascimento: "*Todo artista tem de ir aonde o povo está*".

Com exceção de algumas empresas, essa peregrinação não é um hábito muito disseminado e praticado pelos seus profissionais. E a distância social que nos separa da grande maioria do público para o qual trabalhamos construiu um alto muro entre nós e eles. Um muro alto e opaco onde vemos apenas as sombras que eles projetam, como no Mito da Caverna.

E esse primeiro tema me leva diretamente para o segundo, que é evocado pelo título do artigo. Afinal, que história é essa de que dignidade gera rentabilidade?

Há locais de compra frequentados por segmentos de pessoas, e que representam a maior fatia de mercado, onde elas se sentem mais pobres do que realmente são! Por quê? Se você, um feliz membro da classe A ou, no máximo, B1, fizer uma peregrinação por esses corredores, prateleiras e gôndolas, vai entender.

São espaços em que impera o mau gosto dos recursos visuais, da arquitetura mal resolvida, do empilhamento de embalagens, das reposições em desordem – onde tudo isso drena qualquer sentimento de prazer que poderia acompanhar a compra. Onde o cliente não é, nem de longe, o que consta das cartilhas de negócio: a razão de ser para a existência do mercado. Muito menos seu soberano!

Por conta de descuidos e displicência visuais, as pessoas acabam se sentindo como pessoas apenas toleradas nesses pontos de venda, e mais ainda se dependerem de algum atendimento mais profissional. Caso ache que estou exagerando, faça o *rally* da vergonha você mesmo e visite pontos de venda fora da nossa bolha.

Porém, nem tudo está perdido. Minhas peregrinações têm mostrado também um outro Brasil nesses espaços de compra para os segmentos de renda mais baixa. Tanto em varejo de alimentos e produtos para casa, quanto em vestuário e lojas para reforma e construção.

São lugares onde se sente uma atmosfera de dignidade para o soberano cliente. Exemplos? Que tal provadores de roupa suficientemente amplos, onde você não se sente encaixotado? E atendentes de supermercados que conduzem você até o corredor onde está o que procura? E informações de preço claras e visíveis, sem nada a esconder? E sacolas que não furam na primeira subida no ônibus?

Os indicadores dessas empresas, as que se preocupam verdadeiramente com seu público, são muito promissores. Creiam, estou falando de algo que vai muito além de uma visão inteligente de marketing. O que está em jogo é o compromisso com dignidade.

Acreditem, dignidade gera rentabilidade. Uma equação tão simples como essa!

Se o pastel é bom, levante o pano!

Nas atuais "feiras" da vida, ninguém engana ninguém com pasteizinhos meia boca. Mas são as empresas e as pessoas que melhor sabem gerenciar a relação entre o pano e o pastel que estarão sempre no topo do mercado.

Há poucos dias, conversando com editores de um jornal, contei uma história, não apenas inspirada em fatos. Ela realmente aconteceu, não é daquelas que vemos em filmes, do tipo inspirada em fatos reais. Uma história que me persegue desde que me conheço por gente. E, como em todos nós, quando algo reside em nossa memória, vale a pena prestar a atenção nessa mensagem que vem de dentro.

Precisei de uns dez minutos para contar a eles, mas vou encurtar e, principalmente, revelar por que ela é tão poderosa, ainda mais para quem trabalha nas áreas das expressões humanas, artísticas, mercadológicas, de comunicação etc.

Tudo se passou em Poços de Caldas (MG) há uns 90 anos. Eu ainda não estava por aqui, nem por lá, mas me contaram. A família de meu pai, João Batista, meus avós e tios, imigrantes italianos, se instalaram por lá no começo do século passado. E todos sabem como foi o começo da vida dos imigrantes. Quase todos lutando por um espaço social e profissional, mas com uma mão na frente e outra atrás.

Un bel giorno, minha avó Maria José, vovó Cocota para os íntimos, chamou meu pai João Batista e meu tio José, garotinhos ainda, e disse: vocês vão à feira. E deu a eles uma cesta de vime cheia de pastéis para venderem e conseguirem alguns trocados para a família. Por precaução, ela cobriu a cesta com um pano para proteger o rico conteúdo contra mosquitos e outros bichinhos e insetos. Posso garantir que os pastéis da vovó Cocota eram nota 10, porque nós todos acabamos morando juntos e volta e meia ela nos deixava muito felizes com seus pastéis.

Bem, mas o que aconteceu quando os garotos voltaram da feira? Minha avó perguntou: venderam tudo? Os garotos se entreolharam, baixaram a cabeça e revelaram o trágico resultado: não haviam vendido nenhum! Mas porque, ela perguntou, vocês levantaram o pano? Não, foi a envergonhada resposta.

O que eu aprendi, às custas da desventura do meu pai e meu tio? Três lições. Aí vão elas.

A PRIMEIRA LIÇÃO: se você estiver convicto de que o pastel é bom, aceite o desafio, deixe a inibição em casa e levante o pano. Não espere que alguém faça isso por você. Eu sou engenheiro e já convivi com outros tantos engenheiros que não fabricam pastéis, mas criam produtos maravilhosos. E já ouvi muito uma conversa dizendo que quando o "*pastel*" é bom ele se vende sozinho. Doce ilusão. Ajude sua obra a ganhar vida, levante o pano com orgulho.

A SEGUNDA LIÇÃO: no entanto, se você tiver alguma dúvida sobre a qualidade do pastel, o melhor a fazer não é deixá-lo coberto, o mais honesto é nem ir à feira. Vovó Cocota só chamou seus filhos para aquela "*operação comercial*" quando ela havia conseguido criar a receita de sucesso. É o que me disseram depois. E hoje, você sabe, há tantas ofertas nas atuais "*feiras*" da vida que ninguém engana ninguém com pasteizinhos meia boca.

A TERCEIRA LIÇÃO: nas empresas, há os que sabem fazer bem "*pastéis*" e há os que são bons para vendê-los. Nunca acreditei nos que dizem que jogam bem em qualquer posição. Pois bem, deixem que as vovós Cocotas tenham certeza da qualidade do que sai da frigideira. E os Josés e os Batistas saibam como seduzir os que passam e se encantam com a tentação do que se esconde e se revela sob o pano esvoaçante.

Em Poços de Caldas, em São Paulo, em Inúbia Paulista, no Rio de Janeiro..., onde quer que seja, as empresas e as pessoas que melhor sabem gerenciar a relação entre pano e pastel sempre estarão no topo da "*cadeia alimentar do mercado*".

O articulado incompetente e o risco da precipitação

Há sempre um eloquente que se esforça para convencer os colegas de que os comportamentos de compra e os próprios consumidores se alteraram de forma radical... Por sorte, alguém se lembra de que não dá para ignorar a permanência daquilo que nunca muda.

Ao redor de uma mesa de reuniões, para uma discussão que vai alimentar o planejamento da empresa, surgem coisas curiosas. Há sempre um "*Nostradamus*" que se adianta e começa a fazer previsões sobre mudanças que estão por vir. É o momento perigoso em que o articulado incompetente assume a palavra. Normalmente, ele começa assim: "*Antes de falar, eu queria dizer algumas coisas...*"

Uma das pérolas que ele pontua com muita eloquência é sobre o quanto os comportamentos de compra mudaram, como se estivéssemos assistindo ao nascimento de um novo consumidor ou de um novo cliente. E fala da importância redobrada dos grupos emergentes. Ou então sobre a febre de interatividade que assola os consumidores e que, em pouco tempo, estará virtualizando todas as relações de compra e venda. Ou mesmo sobre a precedência do preço sobre as marcas nas decisões de compra.

Nessa hora, no cantinho da sala, alguém até então mais calado, meio retraído diante dessa explosão de '*suposta*' sabedoria, pede a palavra. É o Fernando, que em poucos minutos abre uma outra avenida de ideias. Ele começa indicando onde, de fato, há mudanças no comportamento e nas atitudes das pessoas e consumidores. Lembro-me de ouvi-lo comentar as seguintes:

• **"Sem dúvida, os consumidores estão cada vez mais exigentes hoje em dia. Tanto porque o dinheiro é mais contado, porque a inadimplência dói, como porque estão protegidos pelo Código de Defesa do Consumidor."**

• **"O poder de compra das mulheres e sua importância como consumidoras mais importantes do mercado cresceram muito. Podem escrever, ele disse, 70% das decisões de compra, ou um pouco mais, direta ou indiretamente dependem de decisões tomadas por mulheres. O que é apenas um lado do seu empoderamento social."**

• **"'Inventamos' um jovem que decide por nós muitas vezes. Difícil é encontrar uma família em que os pais decidem sobre a compra de eletrônicos, equipamentos de lazer, escola, viagens, automóveis etc., sem ouvir antes seus filhos. Ou, pior, sem se submeter a eles. Não sei se é uma forma de aplacar sentimentos de culpa pelo tanto que nossas atividades profissionais nos afastam deles ou se jovens entendem mesmo mais do que nós sobre esses assuntos todos."** Nesse ponto, ele não chega a confessar se sente essa sensação de culpa ou não. Deixa para nós a dúvida.

E aqui, o Fernando atinge seu máximo. Afirma com toda energia: **"Ninguém ganhará dinheiro sem os pobres!" Independentemente de onde vá parar o salário mínimo, é impossível imaginar grandes negócios sem envolver a maior parte da população de classes C e D, que representam mais de 60% do mercado. Isso vale para cerveja, internet, automóveis, produtos de limpeza, eletrodomésticos... Emergentes ou mesmo sem emergir como todos nós gostaríamos, eles são o mercado potencial de milhares e milhares de empresas e negócios."** Nessa hora, o articulado incompetente engole em seco.

O Fernando continua, no momento mais intelectual de sua participação. Disse que "Caxias" será cada vez mais importante no Brasil. Inspirado na visão do brilhante Roberto da Matta, lembrou que: **"Nós, brasileiros, gravitamos sempre ao redor de três perfis de personalidade. O "Malandro" é o primeiro, e dele não precisamos falar muito porque é mais do que conhecido por todos nós. O segundo é o que eu gosto de chamar de "Beato", que está muito ligado às novas formas efervescentes de religiosidade, evangélicas ou não. O terceiro é o "Caxias", aquele que demonstra comportamentos disciplinados em relação a família, trabalho e cidadania em geral. Parece que nós, brasileiros, suportamos cada vez menos os traços de "malandragem" de nossa personalidade coletiva. Por outro lado, ser mais "Caxias", deixando de lado o aspecto folclórico deste nome, é a meta de muitos de nós como consumidores e pessoas."**

Bem, nesse momento, o articulado incompetente, irrequieto, não resiste: "*Perdão por interrompê-lo, mas não é exatamente isso que eu disse? Que as coisas estão mudando muito e vão mudar mais ainda?*" Meu herói, o Fernando, aquiesce com um discreto movimento de cabeça. "*Isso é verdade*", diz. O que o articulado incompetente não consegue nem de longe imaginar é o que vem depois, na explicação do Fernando: que por baixo desses movimentos de alteração das condições mais visíveis e aparentes, algumas dimensões e dinâmicas do mercado não estão sujeitas às mesmas flutuações, à mesma volatilidade. Ignorar a permanência daquilo que não muda e descartar o valor contido nisso é como jogar fora o bebê junto com a água do banho. E o Fernando continua descrevendo o que não vai mudar:

- **"Como em anos anteriores, aliás, como sempre, os consumidores continuarão imersos em suas emoções quando estiverem processando o comportamento de compra. Esqueçam qualquer possibilidade da existência de consumidores racionais fazendo suas compras como se elas fossem equações matemáticas."**

- **"Marcas continuarão a ocupar um espaço vital na rotina dos consumidores. Elas continuarão a dar sentido a suas escolhas e a criar uma identidade para eles. Nada tão remoto e ilusório como um cenário no qual as marcas deixam de ser o centro da gravidade da escolha dos consumidores. E digo mais: nos espaços virtuais de e-commerce, marcas são mais importantes ainda. Comprar e fazer negócios à distância exigem marcas ainda mais respeitadas e de reconhecida qualidade."**

• **"Quase como consequência natural disso, os consumidores continuarão a ser os legítimos proprietários das marcas. Somente nos seus corações e mentes é que elas têm existência tangível. Afinal, como diz Jeff Bezos: 'Marca é o que falam de você quando você sai da sala'."**

• **"O consumidor brasileiro, sempre que puder, continuará tentando 'tirar o atraso' de décadas de contenção! Ele continuará amando promoções, descontos, saldões etc. Não porque ele gaste menos, mas principalmente porque ele compra mais. E a inadimplência continua, infelizmente, sendo a ressaca dessa deliciosa bebedeira!"**

• **"Ele continuará se encantando com a comunicação de marketing, em suas múltiplas formas. Além de ser uma fonte importante de informação para ele, também alimenta suas fantasias e seus sonhos. Mas, ao mesmo tempo, continuará repudiando o mau gosto e o estupro, em geral, à sua inteligência."**

• **"Podem ter certeza de que o consumidor seguirá ignorando quem fala com ele de forma confusa."**

• **"O consumidor continuará amando as marcas que não mudam de cara da noite para o dia!"** Nesse momento, o articulado incompetente, contrafeito, balbucia qualquer coisa bem baixinho, com um sorriso bem amarelo.

• **"Em último lugar: ele continuará disponível e interessado em ser ouvido, em ser consultado. Muitos deles continuam ansiosos para dizer o que pensam."**

"Este é um mundo onde parece que tudo muda, o atual já é velho! Só que não..." O Fernando termina de falar, o articulado incompetente se levanta, vira as costas e vai embora. Ainda bem!

Aliados e oportunistas

Alguns imaginaram que o cliente 'no cativeiro' seria um alvo mais indefeso. Mas as empresas que serão lembradas com carinho depois da pandemia são aquelas que, nesses momentos difíceis, não se aproveitaram da nossa fragilidade para ultrapassar o sinal.

Cá estamos nós, no meio da pandemia, isolados, trabalhando, amedrontados, olhando para a contagem diária de casos, sofrendo com amigos e parentes doentes ou que nos deixaram. São meses que se arrastam lentamente, esperando que, em algum momento, sairemos desse túnel. Uma sucessão de dias que deixam a sensação de que o calendário foi derretido. Como se aquela sequência bem organizada e repetida de dias que começam oficialmente no domingo e vão até o sábado perdesse o significado. Parece que derretemos e despejamos o tempo em pequenas forminhas, como as que a gente usa para fazer gelo.

Nesta travessia, continuamos a pousar o olhar em nossos planos pessoais, no local onde moramos, nos que estão ao nosso lado. E tudo isso muito mais intensamente do que antes. Mas seja por força da minha profissão ou por uma insaciável curiosidade de voyeur social que sempre me persegue, continuei olhando para fora. Dia após dia, nessa sequência de calendário derretido, venho olhando pelas frestas que nos mostram o mundo exterior.

Seja em observações informais, ocasionais, de caráter puramente pessoal ou com ferramentas profissionais, o que temos visto neste ano reforça certas convicções pré-pandêmicas. Uma delas é: por que algumas empresas vão deixar um doce sinal de reconhecimento na sociedade? No futuro próximo, e esperamos que seja bem próximo, teremos colecionado belas histórias de organizações que fizeram algo difícil de esquecer durante este período.

As empresas que serão lembradas com carinho são aquelas que não agiram como arrivistas.

Algumas fazem parte do Marcas Mais, seleção que realizamos anualmente para o *Estadão*. O que foi que elas fizeram que acabará deixando esse legado? Nada mais do que faziam antes! Porém, o que fizeram, e de uma forma admirável, foi utilizar suas competências além do limite das suas rotinas habituais. Não todos, mas alguns hospitais multiplicaram sua energia para atender e cuidar de seus pacientes. Muitas redes de varejo compreenderam mais do que nunca a importância de ouvir o chamado de milhões de lares confinados, e lançaram-se a atendê-los com empenho e compromisso. Nada que essas empresas, hospitais e outras organizações não fizessem antes, mas nunca na intensidade que foram levadas a realizar agora, com um empenho adicional de energia e compromisso.

As empresas que serão lembradas com carinho são aquelas que não agiram como arrivistas. Mas, sim, aquelas que, nesses momentos difíceis, não se aproveitaram da nossa fragilidade para ultrapassar o sinal. Ao contrário das que encheram nossa caixa postal ou nosso WhatsApp com ofertas e mensagens absolutamente desconectadas de nossas autênticas necessidades. Que imaginaram que o cliente no "*cativeiro*" seria um alvo mais indefeso. Dessas, eu juro que também não me esquecerei.

São situações limite como a atual que mostram quem são nossos autênticos aliados e quem são os oportunistas.

A economia gira porque as marcas rodam

Ativos intangíveis, como as marcas, têm um enraizamento profundo na constituição de uma empresa. Por isso, resistem aos ventos fortes que sopram. Eles poderão ser um "salvo-conduto" para a atual travessia, numa fase em que as organizações precisam preservar o que de mais valioso elas possuem.

É bem provável que todos se lembrem de uma tradicionalíssima empresa de mudanças, que usava esta frase: *O mundo gira e a Lusitana roda*. A conexão dela com a situação atual é bastante forte. Por quê? Alguma coisa precisa resistir à passagem da pandemia para quando sairmos do "*outro lado do túnel*". É provável que ativos tangíveis sofram mais durante este triste período. Os intangíveis, porém, como é o caso das marcas, têm um enraizamento mais profundo na constituição de uma empresa. Por isso, resistem melhor aos ventos fortes que sopram. Eles poderão ser um "*salvo-conduto*" para essa travessia.

Um conjunto de evidências tem demonstrado a capacidade dos ativos intangíveis, entre eles as marcas, de estimular o fechamento de negócios, a geração de fluxos de caixa e o poder de mercado de empresas e seu valor, enfim, de alimentar a economia. Os indicadores internacionais não deixam qualquer dúvida de para onde estamos indo e quanto já caminhamos. É cada vez mais substancial a fração que os ativos intangíveis representam no valor total da capitalização de mercado das empresas. O gráfico criado a partir das 500 da Standard & Poor's é cristalino a esse respeito.

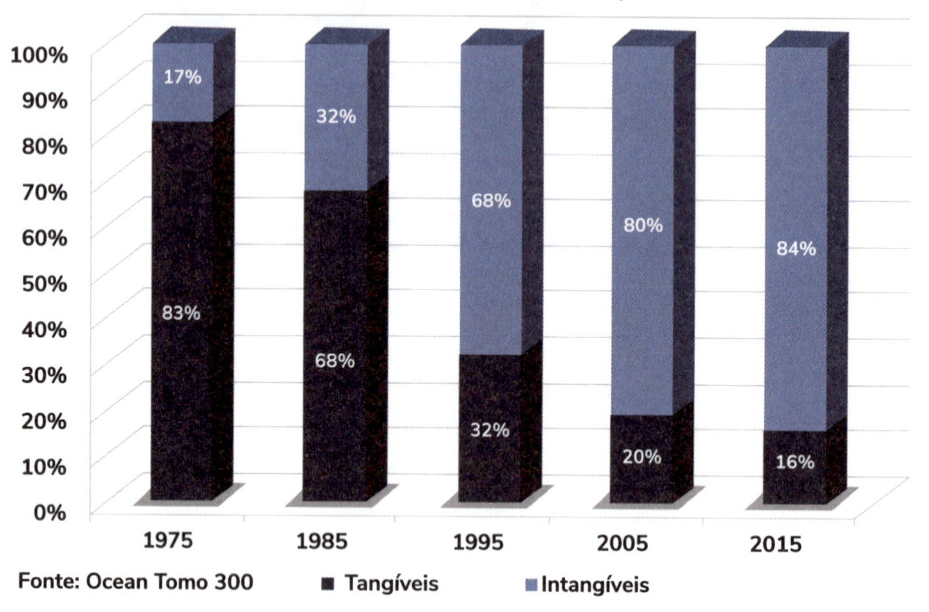

Tudo se passa como se a materialidade física não fosse mais a alavanca que move a economia. O valor que as empresas representam deriva prioritariamente desse conjunto de ativos intangíveis que, normalmente, não constam de seus balanços. Mas os investidores sabem identificá-los perfeitamente como indicadores e critérios para alocação de seus investimentos. Que ativos são esses, ditos intangíveis, onde se enraíza o valor das empresas? Licenças, Recursos e Talentos Humanos, Software, Clientes, Direitos Autorais, Patentes, Tecnologia, Know-How, Orgulho Motivacional, Marcas...

Em todos esses ativos, o compromisso supremo de seus gestores não é sua presença pontual dentro das organizações, mas, sim, o impacto na criação de valor e, em última instância, o movimento da economia. No caso da área em que tenho alguma experiência, a administração de marcas, o que passou a ser chamado de Branding não é mais uma tendência passageira, um movimento modal, uma preocupação apenas cosmética de designers e profissionais de comunicação. Não é também uma elaboração intelectual e filosófica sem compromisso com o bottom line das empresas.

Branding tem se transformado rapidamente em um instrumento de gestão nas empresas. Estudos que realizamos recentemente mostram como os próprios CEOs estão ansiosos por ver esse instrumento e suas manifestações aplicados no dia a dia da organização. E a mesma ansiedade está presente nos demais ativos intangíveis.

Na medida em que o valor das marcas, juntamente com outros intangíveis, representa uma fração substancial do valor da empresa como um todo ou da sua capitalização de mercado, não há mais justificativas para que elas façam parte apenas do job description dos profissionais de marketing. Branding hoje é um instrumento de gestão potencialmente muito eficaz na construção de valor e de sustentabilidade na vida das organizações.

A história das empresas nos mercados caminhou de uma disputa entre produtos ou serviços que se diferenciavam física e tecnicamente para uma concorrência de vantagens competitivas menos tangíveis. Até chegar ao estágio que começou a se descortinar: uma competição entre realidades simbólicas das marcas, entre elas. Quem melhor traduziu isso foi Jeff Bezos, ao ser perguntado o que é marca, afinal. A resposta dele: "*Marca é o que falam de você quando você sai da sala*".

Branding é, em certo sentido, a continuação e a negação da Revolução Industrial. É a continuação por se tratar da forma suprema de relacionamento entre produção e consumo. Por outro lado, é a negação porque é o princípio da desmaterialização da economia, na qual cada vez operaremos mais com bits e menos com átomos.

Inovação: olhando para trás

Damos passos à frente, mas estamos enraizados num passado do qual sempre fica um pouco. Ainda bem! A genialidade do autêntico inovador é sua capacidade de reconhecer suas fontes de inspiração e reverenciar o que veio antes dele nesse caldo cultural da humanidade. A pandemia é um período em que aproveitei para fazer bons balanços sobre o que passou e projetar o futuro.

A *vida só pode ser compreendida olhando-se para trás; mas só pode ser vivida olhando-se para a frente...* dita no século 19, a frase de Søren Kierkegaard, talvez o maior filósofo dinamarquês, ecoa até os dias atuais. A compulsão inovadora a que todos nós estamos expostos, se quisermos sobreviver na carreira e, muitas vezes, pessoalmente, criou uma obrigação de olharmos para a frente. Ouço muita gente dizer: as empresas que sobreviverem e crescerem serão aquelas que decidiram e se comprometeram com um olhar para o futuro, para pensar no que é novo, no que ainda não existe, naquilo que não foi feito até o momento.

A patrulha da inovação é furiosa e controladora. Quem assume que não é inovador em uma entrevista de emprego perde a vaga. Ou, se já estiver empregado, perde pelo menos a promoção, se é que não será chamado no RH para uma entrevista de desligamento.

Como toda patrulha de plantão, ela fiscaliza os atos conservadores ou reacionários que se agarram às coisas que já existem. É muito feio admitir que não é inovador. É muito divergente, no sentido do filme, ou seja, fica parecendo alguém que não se encaixa. Mais que isso, soa mal dizer que olhar para a frente não é o caminho mais promissor na vida corporativa. E querem um pecado mortal? Aí vai: em uma reunião, dizer que inovação não é tudo de que precisamos. Por isso, sinto dizer que ser inovador hoje acaba sendo *mainstream*.

Mais curioso ainda é como a inovação passou a ser quase sempre confundida com o que acontece de novidade nos ambientes digitais e tecnológicos, fora dos quais existiriam apenas os úmidos e escuros porões do passado. Inovação, como ela é tratada hoje, lembra quase um ato de revelação religiosa. Aquela luz repentina, desconectada de qualquer coisa que possa ter havido antes, aquela luz que seres criativos irradiam a partir de um sublime momento de inspiração. Lembro-me de uma cena que vivi no banheiro de uma agência de propaganda. Um diretor de criação, diante do mictório, deu um pulo e disse: *já descobri o caminho!* Inspirado, como se tomado por uma força arrebatadora ou como se estivesse com a lâmpada de Aladim nas mãos. A inovação fica parecendo uma epifania, uma súbita compreensão do que era obscuro. Inovação seria isso? Um momento único em que nasce uma grande ideia.

Dane-se o passado! O que interessa é o que teremos que criar, inventar e viver daqui para a frente. Esse é o grito da torcida dos ingênuos. Muitos dos quais se supõem legítimos inovadores, alguns até de carteirinha. Nosso maior poeta sabia que essa é uma visão míope, que esquece a teia de ideias, sentimentos e conceitos cuja trama nós carregamos há muito tempo, queiramos ou não.

> ***Pois de tudo fica um pouco.***
> ***Fica um pouco de teu queixo***
> ***no queixo de tua filha.***

(*Resíduos* - Carlos Drummond de Andrade)

É disso que os inovadores ingênuos se esquecem. Como se continuassem seguindo o poema do Drummond, tentando tapar o passado:

E de tudo fica um pouco.
Oh, abre os vidros de loção e abafa
o insuportável mau cheiro da memória.

A loção que encobre o cheiro do passado tem um efeito muito passageiro, porque o que já existiu continua frequentando o nosso presente. Dorme ao nosso lado, por toda a vida. Por isso, não resisto e emendo com o fim do poema:

Mas de tudo, terrível, fica um pouco,
e sob as ondas ritmadas
e sob as nuvens e os ventos
e sob as pontes e sob os túneis
e sob as labaredas e sob o sarcasmo
e sob a gosma e sob o vômito
e sob o soluço, o cárcere, o esquecido
e sob os espetáculos e sob a morte escarlate
e sob as bibliotecas, os asilos, as igrejas triunfantes
e sob tu mesmo e sob teus pés já duros
e sob os gonzos da família e da classe,
fica sempre um pouco de tudo.
Às vezes um botão. Às vezes um rato.

Inovação é dar um passo à frente, mas estamos enraizados num passado do qual sempre fica um pouco. Ainda bem!

O grande inovador da física dos século 17 e começo do 18, Isaac Newton, que formulou como ocorrem as relações gravitacionais e lançou as bases para o desenvolvimento do cálculo diferencial e integral, entre outras supremas inovações, dizia:

"Se enxerguei mais longe, foi porque me apoiei
sobre os ombros de gigantes."

Em primeiro lugar, alguém em total controle de sua coerência mental e seu discernimento pode negar a fantástica contribuição inovadora desse senhor? Pode questionar a contribuição que ele deu para quase tudo que está ao nosso redor hoje no mundo? Mas o que mais me impressiona nessa frase de Newton é o ato de suprema humildade que ela evoca. Quem redescobriu as leis da natureza (redescobriu simplesmente porque elas já estavam lá) e escreveu a principal equação que rege a gravitação foi extremamente inovador, mesmo assim teve um momento de rendição às contribuições dos que vieram antes dele.

A genialidade do autêntico inovador é irmã gêmea da sua humildade! Da capacidade que ele tem de reconhecer as fontes de inspiração que abastecem nossos neurônios, que alimentam nossa capacidade de pensar, que "*inicializam*" nosso software cerebral. Para mim, o genuíno inovador faz reverência ao que alimenta nosso cérebro e existiu antes de nós. A inovação, portanto, reverencia a cultura da humanidade. Se não for dessa maneira, a inovação é puro autoengano.

Se você acha que Isaac Newton é uma referência antiga demais, vamos nos aproximar dois séculos. Três pensadores dos mais poderosos do século 19 e início do 20, que mudaram nossa forma de ver a vida e o mundo, não deixam dúvida de que as raízes da inovação estão no tempo pretérito. Charles Darwin nos ensinou, na obra *A Origem das Espécies*, o que quase todos nós aceitamos hoje. O homem atual criou-se a partir de uma plataforma que tem alguns milhões de anos. Quem já viu a Lucy no Museu de História Natural de NY dificilmente vai esquecer que há um sutil, mas eterno, laço que nos une. O poder inovador de Darwin está na genialidade de olhar para o hoje e para o amanhã olhando para trás. Curiosamente ou não, o nome dessa nossa ancestral foi escolhido porque os paleontólogos celebraram a descoberta cantando *Lucy in the sky with diamonds* (Beatles): o novo batizou carinhosamente o milenar.

O segundo pensador, Sigmund Freud, revolucionou a forma como entendemos nossa subjetividade. Ele nos ensinou, contra toda a resistência da medicina de sua época e do establishment, que só construímos um caminho novo em nossas vidas recuperando e entendendo as sendas já percorridas em nossa vida interna. O terceiro, Karl Marx, propôs uma visão de futuro com base na compreensão das raízes que sustentavam a organização econômica e social, a partir da Revolução Industrial na Europa principalmente. Na abertura do seu texto, "*18 Brumário de Louis Bonaparte*", Marx dizia:

"Os homens fazem a sua própria história, mas não a fazem segundo a sua livre vontade; não a fazem sob circunstâncias de sua escolha e sim sob aquelas com que se defrontam diretamente, legadas e transmitidas pelo passado. A tradição de todas as gerações mortas oprime como um pesadelo o cérebro dos vivos."

Em resumo: todas essas referências representam um libelo contra a visão ingênua de inovação como algo que acontece apenas daqui para a frente. Uma visão muito presente nos segmentos mais jovens, que, compreensivelmente, mas de forma inconsequente, tende a ocultar as raízes de onde a inovação provém. Porque isso contribuiria para alimentar e valorizar o poder de suas contribuições. E Isaac Newton se revira no túmulo, por saber que ninguém é capaz de ocultar a origem da inspiração. A dos gigantes que semearam o pensamento desses pretensiosos e supostos inovadores de última hora.

No mundo que é meu dia a dia profissional, Branding somente descobre caminhos inovadores quando olha para trás. Qualquer tentativa de partir do agora apenas é estéril. Quero mostrar isso de duas formas. Uma é lembrando o quanto Aristóteles, mais uma vez, tinha toda a razão. Ele dizia algo assim:

Quando as suas autênticas qualidades e competências se cruzam com as necessidades do mundo, aí nasce sua vocação.

A nossa vocação, nosso Propósito ou o das organizações e das marcas nascem nessa intersecção. Só temos de fato uma razão de ser quando o que sabemos fazer atende necessidades ou expectativas dos que estão ao nosso redor. Para as marcas, acontece exatamente a mesma coisa. Marcas que não têm um Propósito não têm alma. Buscar, escavar, identificar qual é o Propósito de marcas ou das organizações a que pertencem é a pedra de toque do Branding moderno e inovador.

Marcas que não têm um Propósito não têm alma.

Nosso ex-sócio Joey Reiman formulou uma frase inesquecível para isso: "*The fruits are in the roots.*" O Propósito que engaja os colaboradores de uma empresa, que faz o domingo à noite parecer menos desagradável pela proximidade da segunda, é uma das vertentes mais inovadoras em Branding. E como toda inovação legítima, gera resultados.

Os autores do livro *Firms of Endearment* (R. Sisodia, D. Wolfe e J. Sheth) pesquisaram centenas de companhias e encontraram um certo grupo delas que atende a esse critério: ter e praticar um Propósito claro. Essas empresas pagam muito bem seus empregados, entregam valor para seus clientes, estão rodeadas por uma rede de prósperos fornecedores e, atenção, trazem um fantástico retorno para os acionistas: 1.025% nos últimos 10 anos, versus apenas 122% para as empresas listadas no S&P 500 (índice que agrega as 500 ações mais relevantes para o mercado norte-americano) e 316% para as companhias citadas na obra Good to Great, de Jim Collins.

Não pensem em "*criar*" um Propósito apenas recorrendo a um brainstorming, ou a algum *gimmick* de comunicação. O Propósito somente é inovador e poderoso quando ele traduz efetivamente aquela intersecção de que Aristóteles falava. Essa intersecção é escavada na vida de uma empresa ou de uma marca. Mais uma vez, só vamos em frente olhando para trás, de onde viemos.

Há uma outra forma de ilustrar que inovação em Branding, como em qualquer outro lugar, só é verdadeira e poderosa quando recupera os caminhos que já percorremos. Aliás, vocês já perceberam que as palavras original e origem têm a mesma raiz? O Branding precisa ser iluminado e semeado com insights de consumidores. O insight tem algumas características. A primeira delas é que ele é raro. E é difícil de ser imitado por marcas e empresas concorrentes. A comparação com uma pedra preciosa não é uma metáfora apenas. A segunda é que ele não se confunde com o material bruto, o *overload* de informações de onde é extraído.

...conviver para entender; observar para perceber; envolver-se para sentir.

Insight não deriva automaticamente do universo dos números, dados, indicadores. Ele é um ato de revelação que ocorre em nossa mente, a partir de uma introspecção sobre como as pessoas são, como vivem, como constroem seus projetos de felicidade, seus sonhos, seus rituais familiares e sociais etc. Por isso, insights não brotam em todas as cabeças, é claro. Apenas naquelas que não se encantam com a obesidade dos números e das informações.

Há pelo menos 200 anos, os antropólogos nos ensinam a: conviver para entender; observar para perceber; envolver-se para sentir. Os insights mais poderosos que conheço e que alimentaram as soluções mais inovadoras não vieram de um estalo de criatividade sem um mergulho anterior na vida interna dos consumidores.

Os antropólogos nos ensinaram a Etnografia e o pouco que exercitamos dessa prática hoje em marketing abre uma janela para a compreensão das pessoas, de como elas têm vivido os diversos planos de sua vida, individual e socialmente. Infelizmente, ainda fazemos muito pouca Etnografia de qualidade. Eu sei o quanto os antropólogos da academia, que tratam desse assunto com propriedade, torcem o nariz para o que nós fazemos. Mas não tem jeito, vamos seguindo e aprendendo cada vez mais como "fuçar" na história de vida de nossos consumidores para identificar insights que promovam poderosas inovações.

Nas suas andanças por muitas aldeias e comunidades indígenas, incluindo muitas vezes o Brasil, Lévi-Strauss percebeu a dimensão da alimentação como algo que transcende muito o plano das necessidades fisiológicas e nutritivas. "*Lévi-Strauss nos instiga a pensar a comida a partir de sua função semiótica e comunicativa. Para ele, a cozinha é uma linguagem, uma forma de comunicação, um código complexo que permite compreender os mecanismos da sociedade à qual pertence, da qual emerge e que lhe dá sentido. Para além de uma pura redução que o situa como resposta a necessidades fisiológicas, o ato alimentar deve ser compreendido como um ato social que incorpora múltiplas dimensões do indivíduo.*" (Maria E. Maciel e Helisa C. de Castro)

Ele disse algo mais ou menos assim, se bem me lembro das aulas com a saudosa Ruth Cardoso: *alimentos são bons não apenas para comer, mas para pensar!* Quantas e quantas vezes eu vejo montanhas de investimentos em comunicação e marketing de alimentos sendo jogadas fora pelo simples fato de não entendermos a sua repercussão nas relações sociais, nos ritos familiares, na construção da identidade dos consumidores. Quem assistiu ao filme A Festa de Babette (de Gabriel Axel), entende aonde quero chegar.

Enfim, seja na identificação de um Propósito para marcas e empresas, seja na compreensão de insights inspiradores, seja no desenvolvimento de produtos, serviços ou processos inovadores, a verdadeira e poderosa inovação não é capaz de prescindir de um olhar cuidadoso, atento, sensível e humilde dirigido ao passado. Nós sabemos que a vida é vivida para a frente, que inovações apontam para o futuro, mas quero registrar outra vez o que eu disse no início, mas agora nas palavras originais de Kierkegaard: "*Livet forstås baglæns, men må leves forlæns*".

Ou, na voz dos Tribalistas, cantando *É você*, para deixar claro que eu sei que, apesar do mergulho em tudo que veio antes, o compromisso inovador é com futuro:

> *"Na vida só resta seguir. Um risco, um passo, um gesto rio afora*
> *Na vida só resta seguir. Um ritmo, um pacto e o resto rio afora"*

Apesar da pandemia, "*na vida só resta seguir*". Mas como é bom aproveitar estes difíceis momentos para estudar as trilhas que vão nos levar adiante.

O FORMÃO E O HOME OFFICE

Temos nas mãos uma nova ferramenta, e o que vamos fazer com ela? Não dá para viver sem a nova rotina do home office, mas ela não resolve tudo. Por enquanto, sobram perguntas e faltam respostas.

A verdade é que temos em mãos uma nova e fantástica ferramenta, mas não sabemos ainda bem o que fazer com ela, o home office. Ele já existia, mas adquiriu protagonismo nos últimos seis meses, fruto do exílio que a Covid-19 nos impôs.

Isto me lembra muito a história do formão na oficina de casa, que era a menina dos olhos do meu pai, João Batista. Lá, eu trabalhei muito, particularmente em projetos que envolviam madeira. A comparação que espelha formão e home office só faz sentido se vocês tiverem um pouco de paciência e me deixarem explicar uma história que eu vivi há muitas décadas.

Deixando de lado a falsa modéstia, eu não cheguei a ser um Gepeto, mas sabia me virar muito bem com o enorme kit de ferramentas. O que aprendi com meu pai, por prazer ou obrigação, me deu liberdade para operar com segurança e certa maestria na criação de todos os objetos de madeira que vocês possam imaginar: cadeiras, pequenos móveis, mesas e, minha paixão, caixas.

Havia somente um setor do kit de que eu não podia me aproximar. E eu obedeci. Aliás, acho que ele sempre evitou que eu o visse usando o formão. Mas depois de alguns anos do período de treinamento, quando eu percebi, e ele também, que algumas tarefas dependiam de um recurso a mais, ele me chamou. E, em tom grave, mas sereno, disse: "*Jaime, hoje eu vou te ensinar a usar o formão. Acho que você vai precisar dele*". Foi mais um dos rituais de iniciação que atravessei na vida.

Os formões ficavam naquele setor proibido, como se fosse a ala oeste do Castelo da Fera. Eu, porém, ao contrário da Bela, sempre fui obediente e não me atrevi a mexer naquele setor.

Aquelas imagens prateadas reluzentes me hipnotizavam. Eu resisti, porque algo me dizia que eles tinham um papel transformador para o trabalho, mas muito perigoso também. Aliás, quem já teve um formão nas mãos deve ter percebido o quanto o fio da lâmina lembra o aço de uma guilhotina. Enfim, o dia de tê-lo em minhas mãos chegou. Meu pai me mostrou a fantástica utilidade da ferramenta para trabalhos em madeira. Fazia o que outros não faziam, mas também não fazia o que só outras ferramentas eram capazes de fazer. Fiquei ainda mais encantado com o instrumento. Depois disso, minhas cadeiras, meus móveis e caixas ganharam um upgrade.

A conclusão que fui construindo aos poucos é a seguinte: não era mais possível viver sem o formão, mas não é possível achar que o formão vai resolver todas as atividades com madeira. Meu pai tinha muito mais clareza sobre como montar essa rotina: onde usar e onde não usar o formão. Eu, jovem, ingênuo, achei que o formão resolveria tudo. Tolinho que fui. Destruí vários trabalhos que teriam ficado melhor sem ele.

E nós agora, tendo nas mãos esse novo formão, o home office, o que vamos fazer com ele? Não vi, não ouvi, não li nada que tenha me mostrado com segurança como organizar essa nova rotina. As perguntas são muito melhores do que as respostas conhecidas para o tema. Querem algumas?

1. Qual a porcentagem ideal de tempo em home office X tempo presencial no escritório?

2. O quanto o tempo presencial é insubstituível para fermentação de novas ideias, que heróis solitários não criam?

3 O quanto a vida presencial é, muitas vezes, estéril e não garante produtividade, além apenas do sentimento de estarmos juntos?

4 Como convencer os segmentos que estão apaixonados pela comodidade inercial a voltar para vida presencial na empresa?

5 Qual é o perfil de pessoa, que junto com todos ou isolada, funciona bem ou até melhor?

6 E o inverso, quem são as pessoas que se alimentam muito do ambiente coletivo para gerar ideias?

7 Aprendi em Estocolmo o que é o *fika*. (É com k mesmo!). Uma tradição dos suecos. É um movimento que quebra o isolamento individual em nome de um momento de encontro para um café, para beliscar um doce, para trocar ideias, para socializar. Coisa que nós, brasileiros, fazemos até demais, na vida normal. Mas a pandemia nos impôs um regime de reclusão em que *fika* acaba fazendo muita falta. Ou não?

Há outras perguntas, mas vou ficando por aqui. Em resumo, aprendi a montar a melhor equação para saber quando usar o formão; para o home office, ainda não. Acho que estamos tateando. Não estamos no fim dessa descoberta, nem no princípio do fim, mas no fim do começo. Ainda bem que as vacinas chegarão antes!

Duas grandes mentiras

Propaganda não é solução para tudo e nem é irrelevante. A verdade é que, hoje, todas as peças no tabuleiro contam. Todos os instrumentos de comunicação se completam. Precisamos desesperadamente de maestros para compor novas partituras.

Há algumas décadas, era comum ouvir que propaganda resolvia tudo. É dessa época a famosa expressão: "*Propaganda é a alma do negócio!*" A frase transformou-se em algo que qualquer consumidor diz quando quer demonstrar sua suposta proficiência em comunicação.

Mas, quando se dizia que propaganda resolve tudo, estávamos ouvindo uma grande mentira. Mesmo naquela época, décadas atrás, quando não tínhamos este enorme e incontável arsenal de instrumentos de comunicação, já podíamos contar com vários deles. Marketing promocional, eventos e atividades em pontos de venda não foram inventados hoje. Além disso, o boca a boca, esse poderosíssimo e ainda muito pouco estudado canal de comunicação, já agia em todos os mercados. Ou seja, a propaganda, mesmo como filha mais velha e respeitada da comunicação, não era filha única. A família de instrumentos de comunicação, que serviam como ferramentas de apoio, já era numerosa.

Com o passar das décadas, estamos começando a ouvir uma nova grande mentira: propaganda é irrelevante. O que interessa são as outras e mais modernas ferramentas de contato com o consumidor. Cuidado, essa mentira é tão perigosa quanto a primeira! As duas são formas cômodas e simplistas para se pensar pouco. As duas são formas de não se aprofundar na compreensão de como se dá de fato a conexão entre consumidores e marcas. As duas têm pernas curtas.

Da época da "*Propaganda resolve tudo*" até os dias de hoje, da "*Propaganda é irrelevante*", o que aconteceu? Dois grandes movimentos mudaram a configuração do mercado de marketing: um tecnológico e outro comportamental. O movimento tecnológico é o processo explosivo de multiplicação de mídias novas e de novas formas, as mais variadas possíveis, de contato com os consumidores. Isto é: o R&D da tecnologia de comunicação produziu centenas de maneiras novas de falar com o mercado. Algumas de eficácia discutível, outras comprovadamente poderosas. Algumas com efeitos de comunicação de massa, outras com sistemas mais dirigidos de contato.

O outro foi o **movimento comportamental.** Este não dependeu dos profissionais de marketing e comunicação. Aliás, ao contrário: somos caudatários deste movimento e não agentes do processo. O que é este movimento? Ele pode ser resumido assim: as últimas três décadas provocaram uma profunda **fragmentação do tempo e das relações entre as pessoas**. Muito mais do que em todas as décadas anteriores somadas. A fragmentação do tempo transformou o consumidor em alvo móvel. Em estudo que realizamos há alguns anos, na cidade de São Paulo, calculamos o *home share* e o *street share* das pessoas. Isto é, quanto tempo elas passam em casa e quanto passam na rua, escola, trabalho, lazer, compras etc. Descontado o período de sono, 70% do tempo corresponde ao *street share*! Isso em tempos normais, sem pandemia, claro! Além disso, as relações sociais se fragmentaram. Os momentos de integração e encontro dos mesmos grupos de pessoas são cada vez mais raros. A cena da família reunida, almoçando ou vendo TV, é mais idílica do que real hoje. Ainda que continue sendo um sonho de muitos. Em lares de classes A e um pedaço da B, a existência de quartos individuais, de pequenos mundos equipados com TV, som, computador e telefone cresce de modo alarmante! Esse movimento comportamental fragmentou também a relação do consumidor com a mídia, é lógico. Consequência: a ginástica para se conversar com ele consome muito mais energia mental hoje.

O **movimento tecnológico** e o **movimento comportamental,** dois lados da mesma moeda, provocaram uma profunda revisão na forma de distribuir recursos de mídia. E a filha mais velha viu boa parte de suas verbas migrarem para os irmãos mais jovens. Assumir, porém, que propaganda é irrelevante é uma mentira tão grande como foi, no passado, falar de sua onipotência. Portanto, cuidado com essa nova mentira que começa a se disseminar por métodos virais. Cuidado com o sr. Al Ries, o novo "*Oráculo de Delfos*", quando ele anuncia a defenestração da propaganda para ungir e coroar as relações públicas como a rainha da comunicação. Cuidado com os falsos exemplos de marcas que se desenvolveram sem um pingo de propaganda.

Por mais que seu espaço tenha diminuído no mix de comunicação, é impossível alimentar a conexão de marcas e consumidores sem propaganda. Mesmo que não seja uma atividade contínua. Quem acha que dá, então tente! Mas depois não venha reclamar que seu consumidor está falando com o celular do Ronaldinho, ou usando a lavadora que não tem comparação, ou tomando a bebida que te dá asas ou...

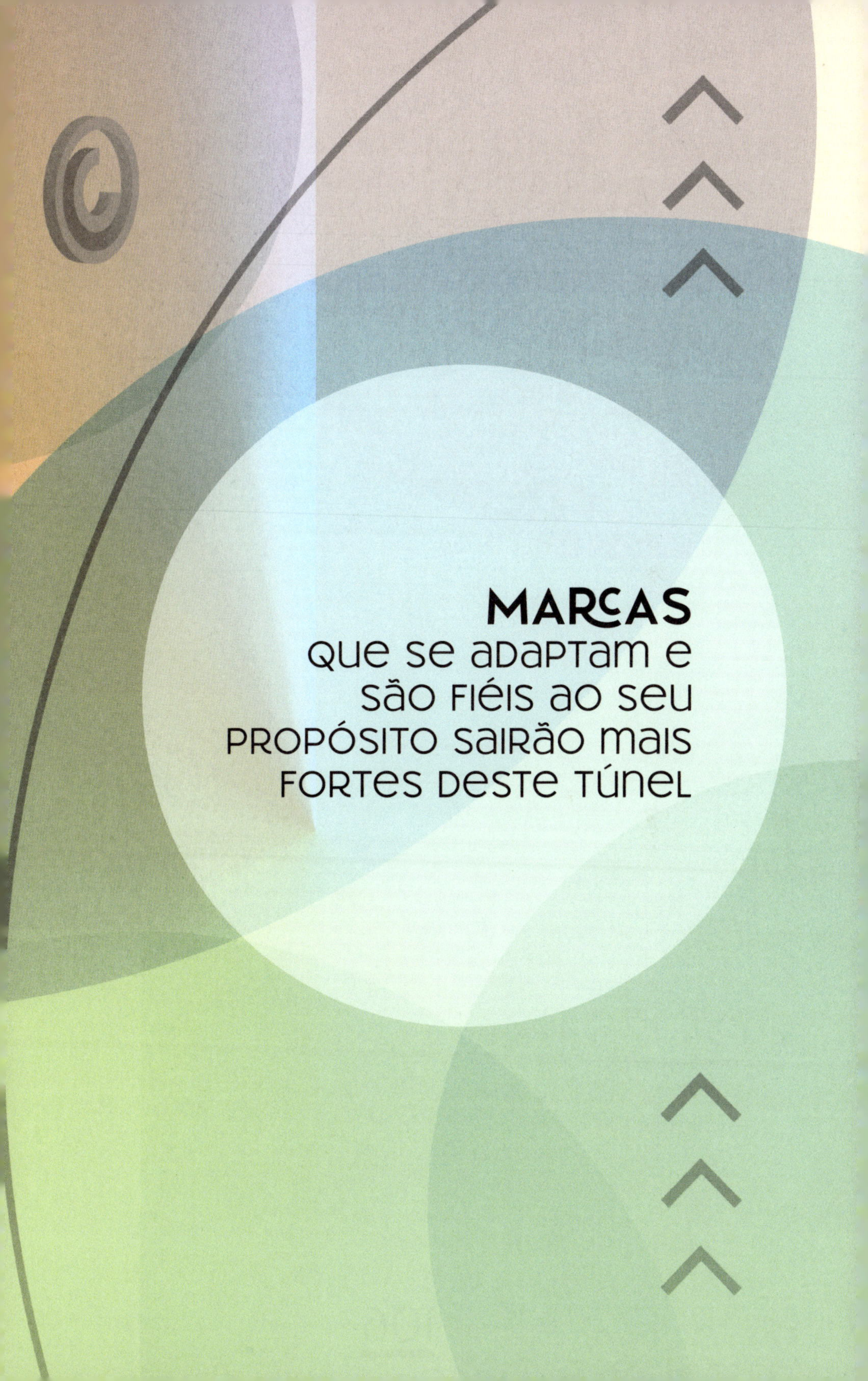
MARCAS
que se adaptam e
são fiéis ao seu
propósito sairão mais
fortes deste túnel

POLÍTICA E BRANDING: CUIDADO COM A MISTURA!

O compromisso com a sociedade exige que as marcas estejam enraizadas em valores e princípios legítimos. Se além de praticarem o que falam, julgarem que devem participar da arena política, a exigência muda de patamar.

Há poucos dias, um repórter me perguntou até que ponto eu julgava pertinentes as manifestações de marcas sobre temas de natureza essencialmente política. O episódio recente da invasão do Capitólio em Washington foi a razão da pergunta. Marcas como Chevron, Coca-Cola, Ben & Jerry's falaram sobre a insensatez do que aconteceu. Mas o Capitólio foi apenas um exemplo da entrevista que eu dei, publicada no *Meio & Mensagem.*

Está aí um daqueles assuntos em que é tão importante como arriscado um posicionamento público. Assim que o repórter fez a pergunta, fui ao espelho e, vacilante, me olhei: Jaime, você tem uma opinião formada a respeito, não tem? Então, melhor dizer o que pensa, porque o silêncio, nesse caso, é um péssimo conselheiro.

Então, aqui vai o que eu penso. Acredito que o supremo compromisso das marcas é com a sociedade, e não com o mercado. Aliás, estou convencido de que mercado é a expressão que apenas representa uma abstração técnica que esconde sua verdadeira realidade e natureza: gente.

Pois bem, o compromisso com a sociedade exige, em primeiríssimo lugar, que as marcas estejam enraizadas em valores e princípios legítimos, que elas não apenas falam, mas praticam. Ou, como se diz em inglês, as empresas precisam *walk the talk*. E cumprir seu mandato principal, que é atender clientes e consumidores. Se além de fazer isso bem feito, se além de serem competentes ao entregar sua *lição de casa* corretamente, julgarem que devem participar da arena política, a exigência muda de patamar.

A primeira condição *sine qua non*, para entrar, ainda que eventualmente, nessa arena, é: **nunca seja oportunista**. Com toda a transparência que o mundo digital nos franqueou, os arrivistas são descobertos muito antes do que eles podem supor. Pior ainda quando a marca é desmascarada dentro de casa, isto é, quando os próprios colaboradores sabem que as belas frases de sua manifestação pública são uma conversa de cerca-lourenço.

A segunda condição é clareza interna sobre si mesma. Só quem conhece suficiente e honestamente o que a empresa representa diante da sociedade tem o direito de agir diante do mundo e dizer o que os outros deveriam fazer. Quem não tem clareza sobre a natureza do seu Propósito, não consegue alinhar seu discurso externo e nem sua comunicação de forma coerente com ele. Além disso, não nos esqueçamos, o Propósito tem um poder central na vida de uma organização, mesmo assim não serve de apoio para iniciativas estabanadas e muito menos oportunistas. É como as baionetas, na frase atribuída a Napoleão: "*Com as baionetas, pode-se fazer tudo, menos uma coisa: sentar-se sobre elas*".

E a terceira condição é a marca estar preparada para enfrentar outra frente de batalha. É a frente da consistência política e também ideológica. Por mais que segmentos internos da organização pressionem para que ela se envolva em discussões públicas e políticas, muita calma nessa hora! Que os gestores, embora tenham que ser sensíveis a demandas dessa natureza do seu quadro de colaboradores, respirem fundo antes de dar esse passo. A empresa e suas marcas não podem ser uma biruta como as de aeroportos, que só acompanham a direção do vento.

Em resumo, política e marcas são uma mistura meio explosiva. Acabei de ler no *Estadão* (18/01/2021) o seguinte: "*O Ministério Público Federal formalizou na sexta-feira passada o arquivamento do inquérito aberto contra a Volkswagen pelo apoio da montadora alemã à repressão durante a ditadura militar no Brasil* (1964-1985)." Em troca da não proposição de ações penais, a empresa deverá arcar com uma multa de R$ 36,3 milhões para ex-trabalhadores que sofreram sob a ditadura. Mesmo uma organização que admiramos como essa, acaba dando uma escorregada eventualmente.

Ou seja, além de explosiva, a mistura pode sair cara!

Não há marca forte que resista a produtos ruins

A engenharia digital nos deixou nus diante de nossos clientes, dos consumidores e do mercado. Todo cuidado é pouco com o discurso. A precipitação em dizer o que não pode ser cumprido costuma ter um preço alto.

Nunca é demais apontar os pecados capitais no processo de gestão das marcas de uma empresa, e já tive várias oportunidades de escrever sobre eles. Há alguns que abalam o prestígio de uma marca e contribuem para seu sucateamento precoce, além de contaminar o prestígio da própria empresa. Observar e compreender esses pecados é fruto de experiências reunidas nestas últimas três décadas, por mim e por aqueles com quem trabalho na TroianoBranding. Aí vão eles:

• O primeiro e mais essencial de todos: se a empresa não tiver absoluta convicção da qualificação do produto ou serviço que ela pretende oferecer, melhor desistir e começar de novo. Afinal, não há marca, por mais forte que seja, capaz de resistir ou esconder a fragilidade do produto. Li no *Estadão* uma notícia que não deixa dúvida a respeito. "*O fiasco da Tesla com vidro 'que não quebra'. Marca de Elon Musk promete janela resistente em novo veículo, mas demonstração dá errado*". E mais adiante: "*Erros e gafes em demonstrações de novos produtos tecnológicos são comuns – e constrangem quem vê os holofotes de marketing vira-rem canhões de risadas.*" Não nos esqueçamos de que marca não é um tapume que esconde a atividade empresarial. Pelo contrário, ela revela, tal qual um espelho, a genuína identidade da empresa e de seus produtos. Depois de décadas em que obras de novos em-preendimentos imobiliários ficaram ocultos por trás de um tapume, surgiram construtoras que mostram, por meio de uma pequena ja-nela, o que acontece dentro da obra. Elas sabem o que estão fazen-do e confiam nesse olhar curioso do transeunte.

- Hoje não é mais possível esconder nada de ninguém. A en-genharia digital nos deixou nus diante de nossos clientes, dos con-sumidores e do mercado. Por isso, cuidado com o que você diz em seus espaços digitais. O discurso precisa ser absolutamente trans-parente e os produtos e serviços devem suportar as promessas que fazem. A precipitação em dizer o que não pode ser cumprido costuma ter um preço alto. Como aprendi uma vez com um inspira-do profissional americano, Joey Reiman, e nunca mais me esqueci, obedeça a sequência: "*Be – Do – Say*". Isto é: em primeiro lugar, es-teja ciente do que seu produto, de fato, é. Em seguida, certifique-se do que ele é capaz de fazer. E só em terceiro lugar, mostre e diga o que ele tem para oferecer.
"*Say*" antes de "*Be*" é um campo minado.

- Não olhe para o mercado a partir das torres da Faria Lima e da Vila Olímpia, isso para quem está em São Paulo, como eu. Essa visão distante e asséptica dos clientes e consumidores é apenas uma miragem e, como toda miragem, ela é traidora. Ouça, observe de forma absolutamente desprendida o que eles pensam e sentem sobre sua marca e seu produto. Lembrem-se da inspiradora frase do Jeff Bezos: "*marca é o que falam de você quando você sai da sala*". Ou da tabuleta no cruzamento do trem: pare, olhe, escute.

- Talvez você tenha um grande produto ou serviço, capaz de suportar as promessas feitas a respeito dele. Mas e quando aquele bichinho da chamada vaidade corporativa ataca e você decide es-tender sua marca para outras categorias de negócio nas quais ela não goza da mesma licença perceptual? Ou seja, onde ela não tem autoridade para impor sua presença como em seu território original. Nove entre dez extensões de marca fracassam por essa falta de cuidado essencial: a transferência para um setor de negócios no qual ela não é aceita naturalmente. Mesmo quando o produto goza de qualificação no seu mercado original, sua marca pode acabar sendo vista como um "*imigrante indesejado*" em outro setor.

- Para terminar, o "*mal de Rafael*" é o grande cúmplice de decisões que ignoram a fragilidade de um produto e sua inabilidade para ser bem-sucedido, mesmo que seja representado por uma marca sedutora. O que é, afinal, o mal de Rafael? Eu explico. Há algum tempo, contei a um conhecido meu, o tal de Rafael, qual era a participação de mercado aproximada da Coca Zero, entre o conjunto dos refrigerantes. E ele me disse, admirado: "*Jaime, isso não é possível, deve ser muito mais alta. Todo mundo que eu conheço toma Coca Zero!*" Eu fui obrigado a concordar: quase todo mundo que ele conhece, de fato, toma Coca Zero. Dentro do grupo social onde ele transita, a sua afirmação não deixa de ser a pura expressão da verdade, uma constatação indiscutível. Os problemas começam quando os profissionais de comunicação e de marketing trazem ingênua e inadvertidamente essas verdades pessoais para o escritório. Enquanto o Rafael continuar o trabalho que faz hoje e não fizer nenhuma incursão nesta nossa profissão, estaremos protegidos contra suas crenças pessoais. Mesmo assim, cuidado, o problema continua existindo: o nosso mercado tem "*rafaéis*" em abundância.

Eu tenho duas formações. A primeira delas é Engenharia. Como engenheiro, entendo perfeitamente como muitas vezes quem faz a mágica de transformar matérias-primas em produtos, quem dá vida a projetos que nascem no papel ou num computador, torce o nariz para certas ingenuidades de marketing. Os engenheiros entendem perfeitamente o sentido do título deste artigo. Sabem muito bem que marcas sedutoras não são capazes de ocultar a debilidade técnica de um produto. Insistir nisso é dar murro em ponta de faca!

COMPROMISSO ÉTICO INSPIRADO POR MACHADO DE ASSIS

Quantas vezes o consumidor não consegue se identificar consigo mesmo, ou não se reconhece no espelho social, quando não tem acesso às marcas que ele admira?

Faz tempo que um dos contos do Machado de Assis me persegue. Não sei julgar o quanto ele é mais bem avaliado do que dezenas de outros do autor, algum especialista em nossa literatura saberá dizer. Mas o que me interessa é por que O *Espelho – esboço de uma nova teoria da alma humana* é um conto do qual eu não consigo me libertar. Ele me inquieta pelas várias conexões que faço com nossas vidas pessoais e com minhas investidas diárias na vida profissional. Quem me conhece bem, sabe disso.

Não vou descrevê-lo, mas apenas pontuar o essencial para que vocês mesmos o leiam e tirem suas conclusões. O personagem principal, Jacobina, é um alferes que vive no Rio de Janeiro do século 19. Seu fardamento é o que faz com que ele se reconheça como pessoa e suponha ser reconhecido socialmente também. Sem o fardamento, sua própria imagem desvanece. Diante do espelho, ele não se vê. De divãs de psicanálise a treinamentos corporativos, esse é um texto quase obrigatório. Não percam.

Bem, a conexão que eu faço entre o conto e o Branding é a seguinte: marcas são "*fardamentos*". Deveriam contribuir para configurar nossa identidade e atender a necessidades de diversos níveis, mas nunca para apagar o que somos como sujeitos. Nunca para nos ocultar por meio de uma *persona* com a qual elas, as marcas, nos vestem.

E daí vem a delicada pergunta que eu vivo me fazendo. No mundo do Branding, que é meu dia a dia profissional, qual é nosso papel? Alimentar o Jacobina que existe dentro de todos nós, impondo de forma sedutora e autoritária uma identidade que, no fim das contas, contribui pouco para nossos autênticos projetos de felicidade? Seria isso apenas?

Quantas vezes o "*consumidor Jacobina*" não consegue se identificar consigo mesmo, ou não se reconhece no espelho social, quando não tem acesso às marcas que ele admira?

Durante décadas eu tenho vivido essa tensão. Uma tensão entre o que nós fazemos nesta profissão, contribuindo para alimentar os negócios de empresas que, em última instância, também desenvolvem a economia, e o quanto consumidores são atendidos nos seus legítimos desejos e necessidades. Por que temos encarado tão poucas vezes essa delicada pergunta? Vez ou outra surge algum pensador que resolve mexer nesse vespeiro, como é o caso do inspirador e corajoso Martin Lindstrom em seu livro *Brandwashed* (lançado pela HSM no Brasil).

...nós não criamos desejos inexistentes nos outros, mas apenas identificamos aquilo que eles querem, mesmo que não tenham consciência disso.

A pergunta não se cala e a resposta mais comum que costumo ouvir é do tipo evasiva. Algo assim: nós não estamos atropelando os desejos e necessidades dos consumidores com as marcas que eles acabam comprando. Ou então: eles têm sempre o livre arbítrio a seu favor para decidir o que, de fato, querem e podem adquirir. Alguns ainda optam por encarar de outro jeito a questão: nós não criamos desejos inexistentes nos outros, mas apenas identificamos aquilo que eles querem, mesmo que não tenham consciência disso.

E há os que, simplesmente, viram as costas para essa dúvida. Porque o importante seria, acima de tudo, a eficácia comercial da marca e sua capacidade de multiplicar os negócios da empresa em seu mercado. Por outro lado, há quem veja um papel perverso nas marcas ao dirigir o comportamento do consumidor, como se elas fossem tutoras de almas infantis que não sabem decidir por si. São os que afirmam, por exemplo, que as marcas deveriam estar sob suspeição por alimentarem a inadimplência das famílias. A bíblia desse grupo são livros como *No Logo*, de Naomi Klein.

Esses dois grupos dormem em paz com sua consciência. Afinal, suas respectivas convicções não exigem qualquer esforço intelectual nem tensões morais. Eu não! E muitos que trabalham comigo ou já trabalharam têm essa inquietação à flor da pele. Não pertencemos a nenhum dos dois grupos. Nós não acreditamos que o indicador supremo de qualidade e êxito de uma marca seja sua eficácia comercial. Ela só será bem-sucedida, e por mais tempo, se não for apenas um "*fardamento*" social. Se atender a necessidades, sejam elas funcionais, objetivas ou emocionais, mas autênticas.

Somos a única espécie animal que procura um sentido para as decisões que tomamos na vida. Não somos movidos por instintos, mas por escolhas que deem um sentido ao que fazemos. Desculpe-me a Naomi Klein, marcas dão significado a nossas decisões.

Impossível ignorar que exista, em maior ou menor grau, um Jacobina em cada um de nós. O que pode mudar é a natureza do "*fardamento*" que alimenta nosso projeto de felicidade. Nossa responsabilidade ética nesta profissão não nos permite escapar para nenhum dos dois extremos. Nem imaginar que marcas nunca cometam "pecados" contra seus clientes e tampouco imaginar que, sem elas, possamos dar um sentido às nossas escolhas.

A tensão que emerge para quem vive e pensa entre esses dois polos não chega a nos paralisar. Mas exige um compromisso de eterna vigilância. E também a consciência de que não trabalhamos para atender a volúpia do mercado, mas, acima de tudo, a sociedade!

Branding e o paradoxo da estabilidade

Porque tantas marcas que auditamos, ano após ano, permanecem nas mesmas posições de destaque? Porque a "água de sua cachoeira" continua sendo alimentada. E ela brota de várias fontes: vale a pena refrescar a memória e saber quais são elas.

Há dois anos, assim que saiu a 5ª edição do Marcas Mais, o estudo que a TroianoBranding realiza anualmente para o Estadão com o objetivo de conhecer as marcas do coração dos brasileiros, os resultados fizeram com que eu me lembrasse de um paradoxo que retrocede aos pré-socráticos na Grécia.

Ele pode ser sintetizado desta maneira: como a estabilidade é fruto do movimento? À primeira vista, essa é uma contradição entre dois termos ou uma suposta negação de um pelo outro. Sempre pensamos que o movimento tira as coisas do estado de repouso. Como Isaac Newton nos ensinou há três séculos.

Mas há outra forma de entender a estabilidade, neste caso como fruto do próprio movimento. Originalmente, o paradoxo foi ilustrado como o fluxo de água numa cachoeira. O olhar fixo na queda da água nos dá a nítida impressão de algo que não se move. Quando o que acontece é exatamente o oposto. É porque o fluxo é gerado constantemente que se cria a real impressão de estabilidade. Ou seja, tanto Newton como os gregos estavam certos.

É este paradoxo que explica por que tantas marcas que auditamos, ano após ano, permanecem nas mesmas posições de destaque. Porque a "*água de sua cachoeira*" continua sendo alimentada sempre. Mas, afinal, que "*água*" é essa? Ela brota de várias fontes e todos nós, ou quase todos, sabemos quais são elas. Vale a pena refrescar a memória.

A primeira e mais essencial é o controle da "*nascente*". Ou a convicção de que aqueles que estão na empresa, que carregam o crachá da marca, estão convictos da sua qualidade. Não há como expor da porta para fora algo que não se sustenta pelos sentimentos de seus colaboradores. É bom lembrar: marcas não são tapumes que ocultam o que se passa lá dentro. Ao contrário, são um verdadeiro espelho da organização. Perguntem aos profissionais de recursos humanos se isso é ou não verdade.

A segunda fonte é o fato de que, atualmente, todos estão vendo a "*cachoeira*". Não dá mais para se esconder. Por isso, a água que flui precisa ser água de verdade. E se a promessa é de pureza no primeiro gole, o mercado de consumidores vai conferir. Em nosso mundo da absoluta transparência digital, vemos todos e todos nos veem. Por isso, a melhor tradução para sustentabilidade em Branding na contemporaneidade é essa: a oferta é igual à promessa!

A terceira fonte é um cuidadoso controle feito pelos próprios detentores da marca. Como se fosse uma "*análise bioquímica da água*". Ou seja, colete sempre um pouco do que está jorrando e mande para "*seu laboratório*". Acompanhe o que estão dizendo, pensando e sentindo sobre sua marca. Você saberá, sempre que a medida for feita com independência e objetividade, se há "*resíduos*" indesejáveis.

Simples, certo? Nem sempre. Quando a gestão da marca é atacada por crises de vaidade corporativa de seus detentores, o olhar de soberba ignora iniciativas de controle. Isso tudo parece uma fábula aquática. É aquática, sim, mas não é uma fábula. São evidências que o ponto de vista 100% independente dos 12.113 consumidores consultados em todo o país não permite negar.

Branding é uma atividade muito jovem. E em nosso caso particular, apesar de 28 anos de estrada, continuo achando que não estamos no fim nem no princípio do fim, mas apenas no princípio do começo nesta jornada. Por isso, olhar para o que fazem essas marcas que não param de "jorrar" é um espetáculo maravilhoso e inspirador.

Hegemonia ou dominação na vida das marcas

Ela não deixa de ser um movimento de dominação, mas gera comportamentos consensuais. A hegemonia alimenta e justifica a liderança e o envolvimento que muitas marcas exercem, ou o consentimento de ser atraído por elas.

Nas primeiras décadas do século passado, o jornalista, intelectual e dirigente do partido comunista italiano Antonio Gramsci produziu uma das obras mais poderosas do pensamento socialista. Sob Mussolini, ele foi encarcerado por 11 anos, vindo a morrer numa clínica dois anos depois. Foi na prisão que desenvolveu sua conceituação sobre hegemonia cultural. E nas aulas do professor Francisco Weffort, na USP, tive contato com o pensamento de Gramsci. A noção de hegemonia que se opõe à de dominação por imposição da força, de qualquer natureza que ela seja, está ligada à adoção de uma ideia, uma crença, uma escolha que fazemos, mas de forma consentida. E esse conceito tem inspirado a vida política ao longo das décadas em muitas sociedades, inclusive a nossa.

Sabe aquelas coisas que você nunca esquece ao longo de várias fases da vida, em diferentes estágios acadêmicos, profissionais e relacionamentos familiares e sociais? Pois é, na minha vida, essa é uma delas. Sempre achei uma burrice dar murro em ponta de faca. Por que, ao invés disso, não recorrer às formas mais eficientes, mais duradouras e menos violentas de conseguir a conquista de aliados? Imagine em quantas esferas da vida esse conceito se manifesta! Hegemonia, em sua etimologia, é um termo derivado diretamente de liderança, em grego. Está na hora de aterrissar, pois quero falar sobre Branding. Chego ao fim desse longo preâmbulo: hegemonia é o que alimenta e justifica a liderança e o envolvimento que muitas marcas exercem, ou o consentimento de ser atraído por elas.

Hegemonia não deixa de ser um movimento de dominação. Mas gera comportamentos consensuais. Fazemos o que fazemos porque nos sentimos persuadidos internamente de que é o melhor, o mais adequado e o que nos deixa mais felizes, em paz com nossa consciência. Elimina eventuais dissonâncias entre o que fazemos e o que nossos sentimentos e emoções gostariam que fizéssemos. Uma das faces mais ricas desse conceito em Branding é a relação entre hegemonia e comunicação. Por um lado, sabemos o quanto comunicação é um recurso *sine qua non* para desenvolvê-la. Por outro lado, a pressão de qualquer tipo de mídia por si só é o equivalente à "*imposição militar*". Dominação por hegemonia é diferente: é uma conquista da consciência pela internalização de valores, o que, no limite, acaba quase por prescindir de pressão externa. As marcas que desfrutam de hegemonia cultural dependem, proporcionalmente, menos de investimentos de comunicação em geral. Quantos comerciais da Apple você lembra de ter visto na vida? Hegemonia acaba se transformando na própria expressão do desejo.

Como em outras esferas da vida cultural, política, social, no território dos negócios e de Branding, hegemonia também gera contingentes de "*embaixadores*". São aqueles em quem a cultura hegemônica penetrou mais profundamente. E todos nós sabemos o fantástico papel que multiplicadores e disseminadores têm, quase como "*apóstolos*". Em estudos que fazemos há 27 anos auditando marcas, encontramos uma forte evidência disso. Estruturamos a auditoria em cinco patamares de uma pirâmide, de acordo com o nível de envolvimento dos consumidores. Dos menos para os mais envolvidos: Desconhecimento, Rejeição, Familiaridade, Preferência e Idealização. Esse último, o mais alto da pirâmide, é o que concentra as pessoas que têm segurança absoluta de que a marca é indiscutivelmente a sua escolha natural. Em mais de mil marcas que já auditamos, o topo da pirâmide concentra em média 10% dos consumidores. E o mais importante: há vários casos em que esses 10% respondem por mais de 40% ou 50% do volume de negócios da marca. Essas são as pessoas nas quais a cultura hegemônica da marca penetrou e se enraizou.

A criação de uma cultura hegemônica de marca não é coisa de uma operação *overnight*, mas de 1.001 noites. De uma compreensão profunda dos mais íntimos sentimentos que rondam a alma dos consumidores. E não é nada fácil descobri-los, afinal consumidores dizem o que pensam, mas fazem o que sentem. Talvez o maior prêmio de possuir uma marca hegemônica não seja seu resultado mercadológico, e sim o supremo compromisso de respeitar a inteligência e a dignidade das pessoas.

INESQUECÍVEIS!

A busca da modernidade pode sepultar criações de campanhas históricas, com jingles ou conceitos que sobrevivem por décadas em nossas mentes. Mas, nas reuniões de marketing, o grupo dos que defendem o atual e o contemporâneo é sempre maior que o pelotão de guardiões da marca.

Vamos começar com um teste:

1. "…. desce redondo".

2. "Estrela brasileira no céu azul, iluminando de norte a sul. Mensagem de amor e paz, nasceu Jesus, chegou o Natal…"

3. "Pergunte no Posto …"

4. "Vende mais porque é fresquinho ou é fresquinho porque vende mais?"

5. "Impossível comer um só"

Pergunta: de quantas dessas mensagens você se lembrou? Em geral, é muito raro que o resultado tenha sido menos do que três. Por outro lado, quem se lembrou de todas não merece nenhum prêmio especial. Isso apenas pode reafirmar seu sentimento de pertencer a um universo de muitos milhões de outras pessoas que também registraram essas mensagens. Os que já passaram dos 40 anos têm chance de serem mais certeiros no teste. Bem, pela ordem, as respostas corretas são as seguintes: Skol, Varig, Ipiranga, Tostines e Bis.

Estes e outros exemplos fazem parte do patrimônio sensorial, visual e sentimental de suas respectivas marcas. É como se ele tivesse sido tombado pelos consumidores! Por que esses slogans ou campanhas assumiram uma dimensão "*ecológica*" e são preservados com tanto carinho por todos nós, seus consumidores, não é tão fácil explicar. Certamente, deve existir uma combinação de fatores. O primeiro deles é, sem dúvida, o talento criativo e estratégico que as gerou. Além disso, o momento histórico e a situação de mercado e da concorrência na ocasião também devem ter pesado. De qualquer maneira, porém, essas marcas resistiram e algumas até floresceram com o passar do tempo. E nem sempre é muito fácil identificar uma fórmula para essa longa existência. Mesmo as que estão fora do mercado continuam dentro de nossa consciência.

De uma forma ou de outra, elas ficaram porque foram "*injetadas em nossas veias*", ao contrário da maior parte dos trabalhos que têm apenas uma ação epidérmica. A situação é muito parecida com os contos de fadas: há inúmeros de que nunca ouvimos falar e que morreram logo. Os que conhecemos, cultivamos e ainda contamos para nossos filhos e netos são os que não têm apenas ingredientes profundos, mas alcançaram um território especial em nossa mente. Ao contrário dos contos de fadas, não é fácil explicar por que aquelas criações de marketing sobrevivem com tanta força e permanecem sempre atuais. Afinal, o que as individualiza e eterniza?

Por tudo isso, sou obrigado a me perguntar: não está na hora de pensarmos melhor antes de praticarmos um "*desmatamento predatório*" de algumas dessas imortais criações? Não está na hora de pararmos de pôr abaixo os "*velhos casarões*" e de lutarmos contra aquilo que está pronto e bem guardado no coração e na cabeça dos consumidores?

Afinal, o que as individualiza e eterniza?

Este não é o grito de um ingênuo "*ambientalista*" de Branding diante de predadores maldosos! Não é coisa de mocinho e bandido. É sobretudo a constatação de que, inúmeras vezes, nós temos assistido à substituição, esta sim ingênua, do conceito original e mágico por algo que pretende ter a virtude de ser novo e atual. De onde vêm essa fúria de mudança e essa insensatez estratégica nos negócios? Muitas vezes, elas são alimentadas pela precipitação digital.

Em primeiro lugar, parece que estamos falando de comportamentos típicos ao sul do Equador. Tudo indica uma atitude muito mais madura e inteligente nos EUA e Europa, no que diz respeito à preservação "*ecológica*" de peças do patrimônio mercadológico. As iniciativas que conduzem ao abandono dessas ideias originais fortes e inesquecíveis são praticadas em nome da busca da "*assim chamada modernidade*". Esse ponto de vista aparece mais naturalmente em países que ainda não são, de fato, modernos – como o Brasil.

Apesar de alguma ironia, as coisas se passam mais ou menos assim. E o difícil, nessa hora, é assumir o papel do conservador, daquele que quer a todo custo lutar pela preservação e se opor ao "*desmatamento*" estratégico do negócio. O grupo dos que querem sepultar um jingle, um conceito, um sinal de identidade, é sempre mais numeroso. O grupo dos que estão em busca do atual, contemporâneo e moderno é sempre maior que o pelotão de guardiões da marca. Resultado: normalmente, você fica com cara de bobo nessas reuniões. E é capaz de ser descartado junto com o resto.

Ouça o consumidor e constate que enunciados aparentemente rançosos são mantidos e cultivados por ele como se fossem inesquecíveis e eternos. Mas não deixe de ouvi-lo! Não confie apenas na intuição individual e na arriscada compulsão pela modernidade. Dentro de trinta anos, se alguém perguntar "*o que é que tem 1.001 utilidades?*", ninguém terá dúvida em responder.

Gonçalves Dias e as marcas brasileiras

O desembarque de marcas globais continuará dividindo a praia com as marcas domésticas, em maior ou menor proporção. Tão louco e adolescente quanto achar que as marcas globais deixarão de avançar em nosso mercado é supor que elas ocuparão todos os espaços em nosso mercado local!

Em 1843, vivendo em Coimbra, Gonçalves Dias escreveu a Canção do *Exílio*.

Minha terra tem palmeiras,
Onde canta o Sabiá;
As aves, que aqui gorjeiam,
Não gorjeiam como lá.

Os sentimentos românticos e a alusão à pátria distante são indisfarçáveis no poema. Corta! Agora, 167 anos depois, essas evocações não estão tão fora de propósito como se poderia supor. A tensão entre a universalidade do que é global e os particularismos e a força do que é local, doméstico ou nacional continuam mais presentes do que nunca. Refletindo sobre esse tema e as implicações que ele tem para as nossas marcas e aquelas que chegam do "*mundo lá fora*", nós, do Grupo Troiano de Branding, formulamos várias hipóteses.

O que pode parecer um inevitável e irresistível processo de total dominação planetária, não é. O fluxo internacional de capitais, a circulação de bens e serviços ao redor do globo, a maravilhosa rede de comunicação a que estaremos cada vez mais atados não matarão os *players* locais. Não teremos os mesmos produtos nas gôndolas de Milão, Joinville, Boulder, Poços de Caldas, Caxias do Sul e Bangkok.

Aliás, os particularismos locais nunca estiveram tão à flor da pele. As tensões no Mercado Comum Europeu, com o Euro e com o Parlamento Continental, têm mostrado isso. Na verdade, os movimentos separatistas e a preocupação com a sólida preservação de princípios e patrimônios nacionais continuam mais vivos do que nunca. Tudo se passa como se o temor da pasteurização global despertasse os sentimentos, às vezes latentes e às vezes manifestos, de defesa de identidades nacionais ou culturais.

A suposta invasão das marcas globais não se parece nem um pouco com os *mariners* dominando a ilha de Granada. Não há nada tão onipotente como isto acontecendo nos mercados internacionais, nem no Brasil. No desembarque, as marcas globais continuarão dividindo a praia com as domésticas, em maior ou menor proporção. Podemos separar o raciocínio da seguinte maneira:

- Há fortes razões para que as marcas globais continuem avançando.
- E há fortes razões para a preservação de marcas domésticas.

É tão simples quanto isso. Não estamos assistindo a um jogo de mata-mata. Isso lembra mais um longo e interminável jogo de frescobol, no qual a convivência e a integração são mais importantes que a eliminação do outro.

Quais são as principais razões para que as marcas globais continuem avançando entre nós?

- A primeira e mais óbvia são os benefícios de escala que rateiam custos de desenvolvimento, de R&D, de comunicação, de gerenciamento etc. Por que o sistema que foi desenvolvido na Dinamarca não pode ser estendido para outros países, dentro de condições semelhantes de mercado? Só a insensatez corporativa recomeçaria do zero em outro país quando é possível transferi-lo para além das fronteiras originais.

- Quando as marcas estão longe de sua casa de origem, elas podem contar com plataformas de mídia e de distribuição que se estenderam no planeta. Mídias e canais de distribuição globais estão à disposição de quem gerencia o trânsito e a evolução das marcas e produtos em novos mercados.

- Quando você vê um garoto com boné ao contrário, uma camiseta com inscrição em inglês, um tênis Nike, por exemplo, duvido que você saiba de que nacionalidade ele é. Ao lado do passaporte de seu país, ele carrega um outro: um "passaporte" que lhe dá acesso à comunidade internacional de que ele também faz parte. Ou seja, há cada vez mais segmentos de pessoas com habilidades e valores globais sem que isso anule sua personalidade nacional. Isso não vale apenas para a garotada, mas para outros grupos sociais também. Quer dizer: pessoas com perfil e valores globais são naturais consumidores globais também. Pensamos até o inverso: as marcas globais só se desenvolvem porque nasceram consumidores globais.

- Por mais que possamos negar, nós e vários outros povos de países em desenvolvimento somos "malinchistas". O "malinchismo" é a ingênua, mas poderosa síndrome da paixão pelo que vem do primeiro mundo. A Malinche, uma das amantes de Cortez, amava o que ele trazia da Espanha para ela. É incalculável quantos pontos de share o "malinchismo" já ajudou as marcas globais a conquistarem!

Bem, essas são razões muito fortes para o avanço das marcas globais. No entanto, temos observado muitos executivos de multinacionais que administram fortes marcas regionais viverem o seguinte drama:

"Faz sentido mesmo esse processo de globalização das marcas no meu caso? Será que na busca desses benefícios – como as tais economias de escala – não estou matando nossa fonte de receitas no Brasil? Isso não é loucura?"

A pergunta é boa. E tem sido cada vez mais frequente. Proponho quatro situações em que, mesmo sem contrariar o movimento globalizante, vale a pena pensar com mais calma antes de eliminar uma determinada marca local.

SITUAÇÃO 1 – Mercados que valorizam mais a "tradição" e exibem poucas mudanças de produto ao longo do tempo (portanto, não são percebidos como sendo de alta inovação)
Há mercados de alta inovação – como eletrônicos e moda, por exemplo – que se beneficiam muito do "espírito global". Por outro lado, se a empresa atuar em mercados muito tradicionais, talvez valha a pena manter a marca local. Por exemplo, as marcas de café brasileiras que foram incorporadas a empresas internacionais foram, sabiamente, mantidas. E mais: será que alguém teria peito para matar a marca Tio João e substituí-la por um *player* global? E a Panvel? Parece que há alguns traços de caráter que nos aproximam e nos mantêm muito mais próximos de marcas que conhecemos desde crianças.

SITUAÇÃO 2 – Mercados em que o ciclo de recompra é longo
Imaginem como é difícil conduzir processos de *phase-out* em cenários como este. Uma determinada marca de tintas, por exemplo. É só pensar de quanto em quanto tempo nós nos dispomos a pintar de novo a casa ou apartamento onde moramos e, portanto, como os contatos com marcas nessa categoria estão separados por longos períodos de tempo.

SITUAÇÃO 3 – Mercados que podem se beneficiar do "sentimento de orgulho nacional"
Há mercados que, por diversas razões, estão muito enraizados em nossa nacionalidade. São parte de nossa linguagem e de nosso *curriculum vitae* de brasileiro. Por mais que saibamos reconhecer, racionalmente, o valor, tradição e qualidade industrial de cervejas europeias e americanas, é difícil imaginar a mesa de bar ou o carrinho de supermercado cheios de marcas estrangeiras apenas.

SITUAÇÃO 4 – Mercados em que o processo de globalização de marcas parece inexorável, mas tem na mira marcas locais de alto prestígio e reputação
Marcas como Arno e Walita convivem com grupos internacionais fortes e respeitados. Não sabemos e nem nos atrevemos a fazer

qualquer consideração sobre os planos dessas empresas. Mas imaginem se amanhã elas estivessem fora das prateleiras e corredores de lojas de eletrodomésticos e hipermercados. E em seu lugar, encontrarmos *players* globais apenas. Nada contra eles. Porém, podemos antecipar o sentimento de vazio de muitos compradores na ausência dessas marcas.

Isoladamente, qualquer uma das duas direções – movimento globalizante ou manutenção das marcas locais – é ingênua e precipitada. As marcas globais continuarão ocupando posições fortes no mercado e avançando onde elas têm um papel a desempenhar. Esqueçam qualquer sentimento manifestado à la Policarpo Quaresma. Esqueçam qualquer traço de esquerdismo xenófobo. Nós não somos mais a Terra de Santa Cruz nem a Ilha de Vera Cruz. Nós estamos definitivamente integrados no circuito internacional, a despeito das vacilações dos últimos governos no equacionamento de acordos comerciais com outros países. Neste circuito internacional transitam marcas de bens e serviços dos quais nossos consumidores também podem se beneficiar.

Por outro lado, o que demoramos muitas décadas para construir e hoje está hospedado nos corações e mentes de nossos consumidores será perene. Roger Cohen disse: "*nos bons tempos, antes que cappuccino, sushi e rúcula se tornassem globais, antes que tudo parecesse a mesma coisa... antes dos cintos de segurança que apitam quando não ajustados, quando clubes de futebol ainda não eram corporações empresariais e espiões realmente vinham do frio...prometi de pé junto que nunca me transformaria em um rabugento e lírico saudosista.*" Ao contrário desse idílico e romântico manifesto, nossa opinião é que fortes marcas brasileiras, locais, permanecerão não por um doce sentimento nostálgico. Permanecerão porque, em muitos casos, são mais capazes de garantir importantes fluxos de caixa para seus detentores. Permanecerão porque têm um valor econômico incapaz de ser ignorado, como qualquer outro ativo substancial da empresa. Permanecerão porque os consumidores procurarão por elas nos pontos de venda.

As fascinantes aventuras do Propósito

Como consequência do cenário em que vivemos hoje, demos início a uma busca intensa por algo que seja menos passageiro. Queremos um sentido na vida, em nossas decisões e escolhas, que reflita nossa história. E que projete a transformação necessária que idealizamos para o futuro.

Em plena segunda-feira, acordar às 6 e meia da manhã para ir ao trabalho, sabendo que haverá no mínimo mais cinco dias de labuta pela frente... É isso que espera milhões de pessoas. Como uma obrigação mecânica, essa rotina desanima. Empresas movidas por um Propósito, no entanto, podem criar um novo sentido para seus colaboradores saírem da cama. Na história dos negócios e da sociedade, dificilmente alguma coisa ocorre por acaso. Talvez a gente não enxergue imediatamente, mas há sempre algo mais determinante sob a superfície de verniz que recobre os acontecimentos.

Foi assim durante as grandes descobertas do século 16, quando a Europa precisava de novas oportunidades territoriais e comerciais e se lançou mar adentro. Não foi simplesmente um ato heroico e isolado de portugueses e espanhóis ousados e aventureiros. Foi assim também quando Darwin saiu em busca de explicações que negavam a certeza do criacionismo, até encontrar as raízes de nossa espécie. A Primeira Guerra Mundial não aconteceu porque o arquiduque Francisco Fernando foi assassinado na Bósnia, em 1914.

No mundo dos negócios, a dinâmica é exatamente a mesma. Al Ries e Jack Trout não criaram e se projetaram com o conceito de posicionamento, formulado por eles, apenas por serem geniais. E são! Mas, porque o crescente congestionamento de novas marcas no mercado exigia uma disciplina que organizasse como cada uma poderia ocupar um espaço próprio e diferenciado na mente dos consumidores. Eles souberam interpretar esse espírito da época.

Just in time surgiu no Japão quando a Toyota precisava idealizar uma forma organizada de multiplicar seus modelos distintos, num mercado em que a diferenciação e a individualização exigiam novos padrões de customização. E é sempre assim! Algumas aventuras levam a "*novos continentes*", outras naufragam nos oceanos por não serem respostas a necessidades autênticas da sociedade e do mercado.

E Propósito, de que se fala tanto e se ouve falar ainda mais hoje? Bem, usando minha metáfora náutica, posso afirmar com segurança que Propósito é um conceito que já "*dobrou o Cabo da Boa Esperança*". Ou seja, avançou bastante nos mais diversos ambientes, nestes mares turbulentos em que navegamos. Para entender o porquê dessa emergência do Propósito nos dias de hoje, vou mapear o cenário ou o ambiente de mundo em que estamos metidos já há algumas décadas. Acho que ele tem traços indiscutíveis na sua configuração.

O primeiro é de que há uma certa liquidez nas relações entre pessoas, entre grupos, entre instituições. Zygmunt Bauman, o inspirado filósofo contemporâneo polonês, que nos deixou em 2017, captou como poucos esse ambiente:

Vivemos uma crescente dependência de bits e decrescente de átomos.

"Os tempos são *líquidos* porque, assim como a água, *tudo muda muito rapidamente. Na sociedade contemporânea, nada é feito para durar*". E numa outra frase, nos diz: "*Sinto-me em casa em qualquer lugar, embora não haja um lugar que eu possa chamar de lar*". Essa fluidez das relações sociais cria uma plataforma de equilíbrio permanentemente instável. E o risco de afogamento nessa vastidão líquida nos assusta.

O segundo traço que caracteriza nossa vida é a invasão do big data e sua suposta capacidade de identificar preferências e padrões de escolha cada vez mais individuais. A pergunta natural que isso evoca é: até que ponto essa política granular de relacionamento com o mercado vai nos impor cada vez mais o fantasma de um solitário individualismo? Vivemos uma crescente dependência de bits e decrescente de átomos.

Nessa mesma torrente digital, estamos sendo mapeados por algoritmos. Eles deveriam ter a finalidade de antecipar nossas decisões, atender às nossas expectativas. E o raciocínio subjacente que eles empregam é o seguinte: se até agora eu comprei vários livros do Paulo Coelho e equipamentos de jardinagem, o meu futuro como consumidor está determinado. Continuarei recebendo ofertas de livros do Paulo Coelho e de autores do mesmo estilo, além de conhecer tudo o que há de melhor para meu jardim. Ou seja, serei sempre um ser que reproduz o meu passado. Se Copérnico tivesse se alimentado de algoritmos, o Sol teria continuado a girar ao redor da Terra, que continuaria sendo o centro narcísico do Universo.

Estamos em busca de razões para a insistente presença da discussão sobre Propósito atualmente. Aqui vai mais uma. Além de líquida, nossa sociedade é acelerada e fragmentada nas suas relações sociais primárias. Todos temos múltiplos contatos de caráter tênue, superficial, com dezenas de outras pessoas ou de, supostamente, amigos. É como se tivéssemos nos destribalizado e fôssemos partículas sociais desordenadas em movimento frenético num campo de força que habitamos.

Ser lento é feio. Ser rápido vale muito. Ser quieto pega mal, ser extrovertido e falar muito pega bem. Mais rápido é melhor. As relações humanas têm se pulverizado em pequenos cristais. Que muitas vezes nem se encaixam. Chico Buarque já profetizava essa fragmentação em 1974, na música *Sinal Fechado*. Aliás, os artistas sempre entendem antes do que nós, profissionais de negócio, as encruzilhadas e armadilhas da vida. Na música, duas pessoas se encontram depois de um bom tempo, num farol de trânsito, cada um ao volante do seu carro. Abrem a janela e conversam:

> "Me perdoe a pressa
> É a alma dos nossos negócios
> Não tem de quê
> Eu também só ando a cem...
> Tanta coisa que eu tinha a dizer
> Mas eu sumi na poeira das ruas"

Como consequência desse cenário, vivemos uma busca intensa, às vezes meio desordenada, meio nervosa, por algo que seja menos passageiro. Ou seja, uma busca de sentido na vida, em nossas decisões, em nossas escolhas, que reflita e não apenas reproduza nossa história. Sobretudo, que projete a transformação necessária que idealizamos para o futuro. Algo que faça mais sentido e menos espuma.

Nesse contexto, somos inspirados por uma necessidade que cada vez mais engaja e movimenta os grupos jovens: a de deixar de lado a ideia de que atendemos ao mercado, palavra perigosa. E resgatamos a ideia de que, quando nosso trabalho é bem feito, ele atende à sociedade.

Nasce nesse cenário, em um ambiente perigosamente líquido onde há sempre o risco de afogamento, em uma rotina fugaz e muitas vezes insensata, a necessidade iminente de refletirmos sobre Propósito. Porque ele ajuda a nos aproximar daquilo que é mais permanente, essencial e menos provisório. E a combater a incômoda sensação de superficialidade, de fugacidade do tempo, que tem nos perseguido e comprometido a limpidez da visão corporativa.

Propósito, como nós da Troiano Branding achamos correto conceituar, é um tema que retrocede a 2.300 anos. Aristóteles formulou a seguinte ideia: "Quando suas autênticas qualidades se cruzam com as necessidades do mundo, aí nasce seu Propósito, sua verdadeira vocação". Embora seja milenar, lembro-me de ouvir essa frase pela primeira vez em 2009, quando trabalhamos ao lado do inspirador Joey Reiman. O conceito nos deu a chave para construirmos nossa metodologia, a Rota do Soul, que tem a finalidade de escavar, formular e disseminar o Propósito de uma marca ou de uma organização.

Há muitos benefícios no investimento consistente e determinado no Propósito. Foi por isso que decidimos escrever o livro *Qual é o seu Propósito? – a energia que movimenta pessoas, marcas e organizações no século 21*.

Enumero aqui os principais benefícios:

- Empresas nas quais o Propósito é entendido e assimilado pela equipe apresentam um nível de engajamento superior. Uma convicção de que elas estão atendendo não apenas o mercado, mas que têm um papel relevante diante a sociedade. O que se relaciona diretamente com o ponto seguinte.

- Particularmente nos segmentos mais jovens do mercado, as empresas que são fiéis a seu Propósito são mais capazes de atrair e reter melhores profissionais. É típico desses segmentos jovens a procura por ambientes profissionais que tenham um compromisso que transcende benefícios meramente mercadológicos e salariais.

- Ainda é cedo, mas cresce gradualmente a quantidade de consumidores que optam por marcas que demonstrem ter, de forma autêntica, esse compromisso. Talvez ainda não seja um fator de decisão prioritário, mas a balança tenderá a pender cada vez mais para essas organizações, seja na área de produtos ou de serviços.

- A convicção de que a empresa gravita em torno de um claro Propósito descomplica a linguagem dos *statements* de missão e de visão, que passaram a ser, muitas vezes, quadrinhos na parede. Propósito, por sua vez, é uma mentalidade, uma forma de ver o papel da empresa no mundo e está internalizado na consciência de seus colaboradores.

- O Propósito é um *guideline* que alinha os processos de comunicação. Como todos nós sabemos, um dos eternos problemas em comunicação, seja corporativa, seja de produto, é o risco da dispersão. O Propósito é um princípio unificador dos programas de comunicação, alinhando seus conteúdos com sinergia.

- Está mais do que provado: empresas e marcas que se inspiram num autêntico Propósito geram valor para seus acionistas. Estudos que constam do nosso livro demonstram essa correlação entre praticar um Propósito legítimo e alimentar resultados.

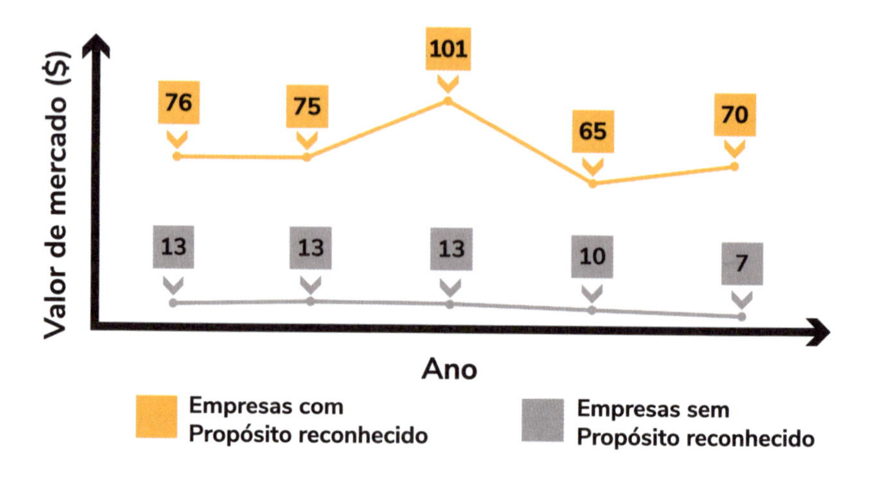

Mais do que uma visão pessoal destes autores, prefiro enumerar algumas afirmações de dirigentes de empresas que, tendo passado pela Rota do Soul, puderam constatar por que o Propósito é uma providência inadiável nas organizações atualmente.

- O Propósito não flutua na superfície da comunicação da marca e nem é algo que se impõe de fora para dentro por meio, por exemplo, de uma retórica publicitária. O Propósito não é um perfume que se aplica na flor. É a fragrância que nasce com ela. Por isso, foi tão inspirador o mergulho que fizemos na Caedu. Segundo Leninha de Palma, filha de Vicente, o fundador: "*Foi um processo fundamental (aprofundar seu contato com o passado da organização) para que pudéssemos firmar a identidade da Caedu e nos preparar para o início da expansão*".

- Além do benefício de iluminar a arquitetura de comunicação em geral, o Propósito, quando identificado, passa a ser uma ferramenta para ajustar os elementos de comunicação visual da marca. Assim foi, por exemplo, com o Instituto Avon ou com a Aegea, que passaram por uma reformulação da marca à luz do seus respectivos Propósitos. No caso da Aegea, em particular, sua identidade gráfica anterior foi reajustada para que refletisse o Propósito que move a empresa: "*Nossa natureza movimenta a vida*".

Hoje, assim como muitas organizações, nós estamos convictos de que marcas que não têm um Propósito são marcas sem alma. Escavar e identificar qual é o Propósito que as move passou a ser um passo obrigatório neste novo século. Propósito é mais do que a alma que conduz os movimentos da marca e da empresa. Ele também é uma arma para alimentar seus resultados no mercado darwiniano em que todos estamos metidos.

Marcas: construir ou inflar?

Na compulsiva busca por resultados imediatos, muitas marcas são infladas sob a alegação de que hoje não temos tempo para longos processos de construção. Mas conteúdo irrelevante só serve para desperdiçar investimentos em comunicação.

Há muita marca por aí com fundo falso! Elas têm uma característica em comum: por baixo da película de *awareness* ou de lembrança que as recobre há um grande vazio. É como se, por dentro, fossem ocas. O seu *awareness*, isto é, seu grau de conhecimento no mercado, esconde sua falta de estrutura interna ou de personalidade. E isso é a melhor receita para que sejam esquecidas em pouco tempo.

Com gastos mal planejados em comunicação, elas deixam apenas uma passageira percepção de sua existência. Deixam uma cauda sem cometa. Uma cauda longa, brilhante e muito visível... Depois de algum tempo, porém, quando minguam os investimentos em sua comunicação, ela encolhe depressa e acaba saindo da lista de compras dos clientes e consumidores.

Acontece que comunicação de marketing é eficaz quando você deixa impressões permanentes na mente dos consumidores. Marca com fundo falso vive um eterno recomeço. Como nada fica de definitivo, seja na sua percepção de qualidade, seja na clareza dos benefícios que ela oferece, o que segue registrado na mente dos consumidores é apenas um nome.

Marcas com fundo falso são apenas infladas! E posso garantir que inflar custa tanto dinheiro quanto construí-la de forma sólida, consistente e disciplinada. A grande diferença é a seguinte: dizem que a gente normalmente joga pela janela 50% dos investimentos em comunicação. Em marcas de fundo falso, o que vai pela janela é muito mais do que isso: 80%, 90%, um monte de dinheiro, enfim. Duas causas importantes geram marcas que são apenas infladas:

- A primeira causa é o fascínio infantil por ferramentas de comunicação, porém sem uma profunda reflexão sobre a natureza do conteúdo que se comunica. O ato de simplesmente ocupar espaço não dá qualquer garantia de que você será lembrado. A lembrança é fruto da relevância do que se diz. Portanto, pense muito bem na natureza do conteúdo que será comunicado. E, mais, o quanto ele tem sinergia com o que a marca tem dito ao longo de sua história.

- A segunda causa é a compulsiva busca por resultados imediatos. Muitas marcas são infladas sob a alegação de que hoje não temos mais tempo para longos processos de construção. E nessa delirante velocidade de comunicação, digital na maior parte das vezes, curiosamente, há sempre tempo para errar e inflar de forma passageira.

Inflar ou construir é algo equivalente a errar ou acertar. Só há uma resposta correta. Por isso, muito cuidado: fuja dos fundos falsos e não pegue carona em qualquer cauda de cometa.

De tudo fica um pouco*

O resíduo destes duros períodos há de nos ensinar algumas coisas. Marcas e empresas precisam refletir sobre o quanto estão preparadas para continuar o relacionamento, em bases renovadas, com consumidores da fase pós-tropicão.

Resíduo é o nome de um poema do nosso poeta maior. Carlos Drummond de Andrade dizia:

> **Pois de tudo fica um pouco.**
> **Fica um pouco de teu queixo**
> **no queixo de tua filha.**
> **De teu áspero silêncio**
> **um pouco ficou, um pouco**
> **nos muros zangados,**
> **nas folhas, mudas, que sobem.**

A sensação de que tudo passa é tão ilusória quanto a de que nada muda. De tudo fica um pouco, "*Ficou um pouco de ruga na vossa testa, retrato*". Quando eu olho a vida das pessoas, quando eu converso e convivo com elas e quando elas dizem o que têm sentido nestes últimos anos, eu tenho a convicção de que algo vai ficar. O resíduo destes duros períodos que atravessamos há de nos ensinar algumas coisas.

Alguém desempregado ao seu redor, uma expectativa de que o próximo corte pode ser você, ou seu marido, sua esposa, filhos, parentes, conhecidos, vizinhos. Um gosto amargo de frustração pelo que já tivemos e não temos mais. A promessa de crescimento social que não foi honrada. A casa que não comprei, o apartamento que fui obrigado a devolver. A viagem que adiei. A escola que meu filho não escolheu. Marcas que me conquistaram e fui obrigado a trair.

Desencanto, desapontamento, interrupção. Esse é um quadro que nos mostra não somente uma fase regressiva. A pandemia enterrou projetos da classe média que acabaram não se realizando tais como foram vendidos ou não puderam ser comprados por ela. O que tenho sentido nos múltiplos contatos, formais e informais, com indivíduos desse enorme segmento social é que passam por um certo momento pedagógico em suas vidas. Algo que deixará raízes para tempos melhores que, com certeza, virão.

Um movimento que já começou a acontecer quando o dinheiro sacado do FGTS ou do 13°, ou mesmo da restituição do imposto de renda é usado para pagar dívidas e reduzir o passivo e não para, simplesmente, expandir o consumo. O quão profundamente essa dolorosa pedagogia vai corrigir exageros de endividamentos, ainda não dá para saber. Mas tenham certeza de que "*de tudo fica um pouco*". Aquela ingênua e reacionária ideia que pinta o brasileiro como incapaz de evoluir em seus hábitos não se sustenta. O "*complexo de vira-lata*" não é uma condenação genética.

Durante muito tempo o consumidor tem se sentido traído pelo desejo. E sempre deu passos maiores do que as pernas. Mas ouso afirmar que estamos no limiar de uma nova fase de amadurecimento. Não é nada comparável às atitudes de europeus que foram obrigados a revisar em suas vidas a forma de se relacionar com o uso e a posse de bens após as guerras. Mas é algo da mesma natureza. A sabedoria mineira me ensinou que tropicão também leva para a frente.

Tudo isso não significa que o desejo será substituído pela frieza de uma racionalidade matemática na escolha do que fazer, do que comprar, de onde investir os recursos dos orçamentos pessoais e domésticos. Já houve época em que se disseminou a ideia da emergência de um consumidor racional. Isto acabou nunca acontecendo

---

*Acreditem: este artigo foi escrito em 2016, mas acabou ficando mais atual do que nunca!

e nem acontecerá. Somos uma complexa "equação" de múltiplos elementos, alguns que controlamos e muitos que nos controlam. O que nos move não será jamais uma planilha mental, mas algo que se parece muito mais com as cenas do filme *Divertidamente*. Mesmo assim, a fase que estamos atravessando está ensinando a grande classe média a conhecer melhor como gerenciar emoções, desejos e possibilidades.

Diante desse cenário, marcas e empresas precisam olhar para si mesmas e refletir sobre o quanto estão preparadas para continuar o relacionamento, em bases renovadas, com os consumidores da fase pós-tropicão. Eu resumo em três palavras a possibilidade que o relacionamento futuro seja promissor: sustentação, compromisso e transparência.

Em primeiro lugar, vamos enterrar de vez as histórias mal contadas, as promessas que produtos e serviços não são capazes de, efetivamente, sustentar. Adeus à sedutora retórica que se esgota nela mesma. Em segundo lugar, bem-vindas as marcas e empresas que obedecerem ao seu genuíno Propósito. Entendendo por Propósito aquilo que é a intersecção de seus autênticos talentos e as necessidades da sociedade que elas são capazes de atender. Bem-vindas as marcas e empresas que abraçarem causas como fruto de convicção e de forma alguma como uma atraente ferramenta mercadológica. Em terceiro lugar, sábias as empresas que comunicam da porta da rua para fora o que é verdadeiro e internalizado por todos da porta da rua para dentro. Afinal, marcas não são tapumes que ocultam, mas espelhos que revelam.

Não acreditem em mim, acreditem no Drummond, "*de tudo fica um pouco*". Só espero que aquilo que ficar não seja, como diz o poema "*o insuportável mau cheiro da memória*", mas, sim, um inestimável ensinamento que nos projetou para a frente.

Dados Internacionais de Catalogação na Publicação (CIP)
(Câmara Brasileira do Livro, SP, Brasil)

Troiano, Jaime
ECOS na pandemia : impressões sobre como nós, as empresas e as marcas temos nos comportado no novo normal / Jaime Troiano. -- São Paulo : Editora CLA, 2021.

ISBN 978-65-87953-25-0

1. Branding (Marketing) 2. Comportamento do consumidor 3. Marcas de produtos I. Título.

21-73842 CDD-658.8343

Índices para catálogo sistemático:

1. Comportamento do consumidor : Administração 658.8343

Cibele Maria Dias - Bibliotecária - CRB-8/9427